CRI D'ALARME

SOMMAIRE

PARIS

E. DENTU, LIBRAIRE-ÉDITEUR

PALAIS-ROYAL, 15-17 19, GALERIE D'ORLÉANS

1881

LA POLITIQUE DES OUVRIERS

CRI D'ALARME

SOMMAIRE

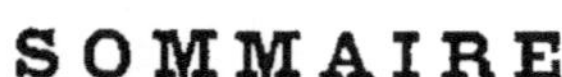

PARIS

E. DENTU, LIBRAIRE-ÉDITEUR

PALAIS-ROYAL, 15-17-19, GALERIE D'ORLÉANS

1881

EXPOSÉ DE LA SITUATION

Pour ceux qui vivent avec les ouvriers, connaissent leurs besoins, voient vers quelles impossibilités leur foule compacte s'achemine, va se heurter, pour se retourner frémissante, désespérée et furieuse, pour ceux-là, la question ouvrière domine toutes les autres, elle les absorbe toutes, et c'est avec un profond sentiment de tristesse qu'ils jettent un regard vers l'avenir.

Cette question, sous des noms divers, a souvent rougi les pages de notre histoire ; ses étapes y sont inscrites en lettres de sang. Autrefois, convulsion inconsciente du martyr sous l'effort du bourreau, sanglot de l'opprimé devant l'oppresseur, elle est aujourd'hui la haine réfléchie, ardente, implacable, du travailleur, toujours frustré, toujours honni, pour tous ceux qui vivent sans travail; il les accuse de vouloir l'ouvrier ignorant pour le maintenir dupe, esclave, et vivre de lui. Si nous continuons à rester indifférents à ses revendications, les épouvantes du passé seront peu de chose devant celles que nous réserve un avenir prochain plein de lueurs sinistres.

Examinons rapidement les phases de cette question, depuis la fin du dernier siècle. A cette époque, se ralliant au mot liberté, les travailleurs demandaient une plus équitable répartition sociale, et se concertaient pour l'obtenir. Tout à coup, insuffisamment préparés, ils entrèrent brusquement dans le tourbillon révolutionnaire. Obligés de faire face aux ennemis du dedans et du dehors, emportés au loin par les guerres du premier empire, puis absorbés, par la réparation des désastres qui avait tant pesé sur eux, ils oublièrent les efforts des générations précédentes. Dans la France transformée en un vaste camp, l'intelligence s'était abaissée.

Peu à peu, le calme s'étant fait, la vie lui succéda, les grands ateliers se formèrent, les écoles s'ouvrirent, les écrivains reprirent la plume, l'ouvrier se remit à penser, puis à s'instruire, et, dès lors, la redoutable question se présenta, timide d'abord, menaçante ensuite. L'ouvrier s'était demandé une fois encore : si la part qui lui était faite était en rapport avec les services qu'il rendait. Regardant autour de lui, et comparant, il a trouvé cette part insuffisante.

Nous ne sommes plus aux époques antérieures, où les travailleurs, bétail humain, parqué pour les besoins des puissants, se soulevaient partiellement avec un lourd murmure; retombaient écrasés pour un siècle, sous la barbarie bestiale d'héréditaires bandits, souffraient toutes les misères, vivaient sans penser, mouraient sans se plaindre. Ce ne sera plus partiellement qu'un soulèvement aura lieu, tous en même temps seront debout, pour assouvir d'abord les haines accumulées, et venger le passé avec le présent. Ce sera l'avalanche, qui détruit tout sur sa route, et va se pulvériser dans un gouffre inconnu. Ce sera le tocsin, sonnant la dernière heure. de la nationalité française.

L'ouvrier pressent la lumière, la cherche, une lueur s'est faite, grandissante, dans son intelligence, c'est la phase redoutable; s'il se trompe, malheur à lui, malheur à tous, mais malheur surtout aux privilégiés !

Il sait maintenant, comment est composé ce qu'on appelle la société, depuis longtemps déjà, il a conclu que les jouissances d'un certain nombre provenaient de ses misères. En présence des temporisations, ménageant les abus dont il meurt, c'est d'un œil farouche, qu'il regarde les heureux du jour, il crispe les poings lorsqu'on parle de république conservatrice, n'ayant, lui, que la souffrance à conserver.

Ce n'est pas pour changer les noms des gouvernements, et remplacer des hommes, qu'il a lutté, qu'il lutte; peu lui importe une étiquette fausse, couvrant des maîtres : des maîtres, il n'en veut plus. Il lutte, pour se dérober à la charge qui l'accable; il lutte, pour le triomphe de la démocratie, pour que le pouvoir soit effectivement dans les mains de tous, et pour voir pratiquer cette maxime, que l'aristocratie républicaine, comme les autres, met en oubli : « A chacun selon ses œuvres. »

Les groupes ouvriers ne sont pas ralliés pour le service des ambitions; s'il en est qui croient pouvoir exploiter encore leur ignorance relative, ils s'illusionnent. Aujourd'hui, l'ouvrier a perdu confiance, la patience lui échappe, la colère lui noie le cœur dans un flot de fiel ; depuis trop longtemps, il est en face de promesses pompeuses de réformes économiques, qu'on lui paraît ou ne vouloir ou ne savoir tenir. Il en est arrivé à exécrer ceux que plein d'espoir il acclamait ; il semble calme, mais son œil baissé lance des éclairs, il fête, oui pour s'étourdir, il fête, non ce qu'il a, mais ce qu'il veut et ne sait encore définir ; l'orage gronde en lui, il se prépare et attend son heure, s'il crie : Vive la république ! vous croyez qu'il salue ? non, il ne salue pas : il condamne.

Parmi les masses ouvrières, force par le nombre, mais non ce qu'elles seront un jour, suprême puissance par l'intelligence, les plus instruits cherchent encore, en tâtonnant, les moyens pacifiques d'amélioration ; cherchez avec eux, aidez-les, vous qui le pouvez, bientôt il sera trop tard. Ignorants des bases de l'économie générale, ne se rendant pas compte du véritable rôle de l'argent, ils ont pris l'effet pour la cause, et cherché le bien-être par l'augmentation des salaires. Depuis trente ans, toujours plus rapprochées, leurs revendications impérieuses ont fait progressivement doubler le prix de la journée de travail. Nous en sommes là, et rien n'est amélioré, les réclamations accentuées sont permanentes, celles qui se produisent sous le nom de grèves résonnent éclatantes sur tous les points. Elles ne feront pas avancer vers la solution de la terrible question ; loin de là, tarissant les sources de la richesse nationale déjà si amoindrie, avivant de vieux antagonismes, elles aggravent le mal.

Orgueilleux de race noble ou plébéienne qui ne produisez rien, jetez à tous vents les richesses et les forces du pays, qui dédaignez les travailleurs, vos supérieurs par la production, et plus que vos égaux par la moralité et l'intelligence, réfléchissez.

Indolents, qui jouissez sans souci, qui souhaitez le bien, pourvu qu'il ne vous dérange pas, et attendez que d'autres le produisent, sortez de votre engourdissement. Tous, travaillez. A défaut de l'outil manuel, vous avez à votre disposition la plume, la parole et les actes.

Ouvriers, vous changez de gouvernants, pour obtenir des améliorations qui vous sont toujours promises, pour réunir vos suffrages. Ceux qui vous promettent de bonne foi ne savent ce qu'ils font et sont impuissants : vous seuls pouvez améliorer. On ne peut décréter que les produits utiles, dont l'absence cause vos privations, existeront demain en abondance.

Les mesures permettant de vous procurer cette abondance, ne peuvent être votées par des députés ne s'étant jamais occupés de ces questions, que vous nommez avec une légèreté déplorable, en ne sachant même pas préciser ce que vous demandez d'eux. Vous attendez, selon l'expression vulgaire, que les alouettes arrivent toutes rôties.

Vos pères ont donné leur vie pour consacrer et affermir les principes de liberté qui vous ont faits hommes, d'esclaves que vous étiez. Parmi les droits que vous tenez d'eux, vous avez le droit de vote, et vous n'avez jamais essayé de vous en servir utilement.

Sous prétexte que vos journées sont remplies par le travail, vous n'étudiez rien de ce qui vous concerne, croyez-vous que d'autres étudient pour vous ? C'est par trop naïf !

Au lieu de maudire ceux qui gèrent les affaires publiques, mettez-vous à même de leur dire en détail ce que vous exigez qu'ils fassent. Vous n'avez pas le temps d'étudier ? Allons donc ! Vos pères, en quelques années, ont trouvé, eux, le temps de mettre un terme aux excès d'une aristocratie toute-puissante, ayant dominé sans frein les générations de douze siècles.

Il ont trouvé le temps de repousser l'Europe, coalisée contre leurs nouvelles institutions ; ils ont trouvé le temps de se faire tuer pour vous. Ils ont mené à bien la plus rude tâche, la lutte matérielle ; ils ne vous ont laissé à faire que l'effort intelligent, et, sauf quelques-uns, vous avez jusqu'à présent reculé devant ce devoir.

Si vous êtes dans la misère, prenez-vous-en d'abord à votre manque de volonté. Instruisez-vous.

Pensez-vous que vous obtiendrez une situation meilleure sans études et sans de persévérants efforts ? Non.

Instruisez-vous, et agissez ensuite, afin qu'au lieu d'avoir à mépriser votre mémoire, vos enfants puissent la glorifier.

UNE NATION LIBRE

Un pays dont les habitants décident à la majorité les mesures de gouvernement, se nomme une nation libre. La France a pris ce titre, voyons si il est justifié.

Son gouvernement se compose de députés, ministres, et autres, nommés pour agir sous le contrôle de la nation qui les subventionne et représente la souveraineté.

La majorité des familles du groupe national se livrant pour vivre à un travail continu, ignore les affaires publiques; et comme aucun résumé ne vient l'éclairer, elle ne peut intervenir; sa part de souveraineté ne peut s'exercer.

Une minorité pèse sur les décisions des gourvernants choisis parmi ses membres; augmente ses richesses aux dépens de la majorité laborieuse; celle-ci crie Vivat, un jour, extermine l'autre; puis se livre à des sauveurs, s'endort dans leurs bras, se réveille sous leurs pieds et tout recommence.

Malgré les déceptions répétées, habitués à espérer en des bonnes volontés introuvables, et en des supériorités inédites, les travailleurs continuent à employer des hommes de confiance. En pareille matière la confiance est toujours une faute, souvent un crime, elle met la richesse d'un pays et le sang de ses habitants, à la merci des indignes. Ouvriers français, vous ne l'ignorez pas, l'oublieriez vous?

Ne cherchez aucune garantie gouvernementale dans les caractères quelque honorables qu'ils soient, les hautes dignités peuvent rendre les meilleurs, égoïstes, ambitieux, et cruels. Ne laissez aucun de vos agents s'établir au pouvoir, qu'ils soient annuellement soumis à vos votes. En possession tranquille de l'autorité, les progressistes du jour deviennent les réactionnaires du lendemain; l'esprit humain marche, ils s'immobilisent ou rétrogradent. Votre sécurité résultera de lois et d'institutions à toute heure perfectibles, créés, votées et surveillées par vous ; appliquées ou dirigées par des hommes toujours révocables. Si cette tâche vous effraye, ne réclamez pas la liberté, il vous faut encore le joug et l'ai·guillon.

L'étude de la politique, c'est-à-dire de la pratique des affaires publiques, est pour vous non seulement un droit mais un devoir rigoureux ; la politique dispose non seulement du présent qui est à vous et attend vos efforts, elle engage l'avenir. L'avenir est à vos enfants, c'est leur bien placé sous votre sauvegarde.

Vos ministères, vos corps délibérants, nationaux, municipaux, etc., ont été organisés par les gens qui vous traitaient de sujets, leurs moyens de vous contraindre, de vous tenir à l'écart, de trancher toutes les questions sans vous consulter sont toujours en vigueur ; finissez-en. Organisez des assemblées régulières, partagez-vous en comités, distribuez-vous le travail. Exigez que tout projet d'intérêt général de l'État, du département, de la commune vous soit soumis avant la mise en discussion officielle. Ne doutez pas de vous ; sans doute le travail sera lent au début ; mais l'étude peut seule vous conduire à la liberté. Etudiez pour juger sous tous les aspects : point de vue international si il y a lieu, urgence, utilité, dépenses et ressources pour y faire face ; puis, dirigez vos mandataires élus, par les décisions publiques de vos réunions entravées que vous saurez rendre libres.

Exigez que les renseignements vous soient donnés, non par des affiches qu'il vous faut lire en courant, sous la pluie ou le soleil en gênant vos voisins, mais à votre domicile ; l'avertissement du percepteur au contribuable y arrive avec ponctualité, qu'il en soit de même pour les explications et les propositions de vos hommes publics. La dépense qui en résultera ne mérite aucune mention en regard des économies qu'elle fera réaliser.

Faites appel au droit commun qui sous réserve du droit de tous, donne à la collectivité toutes les libertés pouvant être octoyées à un seul. Gardez-vous de ceux qui affectent de comprendre sous cette dénomination, un ensemble de lois néfastes toujours conservées ; paralysant hypocritement la liberté de tous au profit de quelques-uns, et que la magistrature de chaque régime, peut interpréter suivant les ordres des maîtres du moment.

Le régime démocratique s'établira, lorsque chacun énonçant son opinion, prendra sa part du poids des affaires. En dehors de ces conditions, les intérêts audacieux font la loi, la masse inerte ou timorée la subit, les tentatives d'émancipation des gouvernés et d'oppression des gouvernants se succèdent dans un cercle infranchissable. Chacun à son tour viole la liberté, personne ne la possède. On l'a dit et rien n'est plus vrai : « Les peuples ont le gouvernement qu'ils méritent », soyez énergiques et vigilants vous mériterez, vous aurez mieux. Vos enfants amélioreront toujours, amélioreront encore, le progrès est la loi suprême, mais il n'est pas aux timides, il n'appartient qu'aux courageux. Il est la poursuite du mieux dans l'inconnu.

Mettez-vous à l'œuvre, pas de retards, travailleurs ! Vous le savez, tout travail abordé résolument devient facile. De la mise en activité de vos intelligences, jaillira sur le monde en éblouissements radieux l'aurore de la liberté humaine.

NOS IMPOTS

L'impôt est l'ensemble des cotisations versées par chaque membre de la nation, dans le but d'assurer les services nécessaires au bien-être général. Ouvriers qui en payez votre part, surveillez-en l'emploi.

Les services confiés à un personnel chargé des opérations qu'ils nécessitent, se résument en protection : individuelle, mobilière, foncière, moyens de communication, défense du territoire.

En principe chaque contribuable doit participer aux dépenses en raison des services que sa situation réclame, mais ces services multiples échappant au contrôle, ont été géné-

Il faut se pénétrer de cette idée que généralement le capitaliste, ou détenteur d'argent, ne garde pas cet argent en caisse ; mais l'emploie soit à des dépenses fructueuses pour lui, soit à la satisfaction de ses goûts, ce qui aboutit à un travail quelconque occupant l'ouvrier.

Si le capital disponible représentait un an de travail, au taux des salaires de 1850, ces salaires étant doublés, il n'en représente que six mois, car le chiffre de ce capital n'a pas augmenté, loin de là, et c'est avec un crédit fictif, obtenu par des engagements sans consistance, qu'on vous occupe encore. Vous aurez donc bientôt une moyenne de six mois de chômage à subir ; il en résulte, que malgré le salaire journalier plus élevé, le salaire annuel restera le même. Vous pourriez répondre que six mois de travail devant vous rapporter autant qu'un an, vous préférez vous reposer la moitié de l'année ; vous auriez raison si les six mois de chômage ne diminuaient forcément la production de moitié, cette insuffisance de moitié, fera doubler de prix ce qui vous est indispensable, il en résultera qu'avec votre salaire, vous n'obtiendrez que la moitié des objets que vous pouvez acheter aujourd'hui, grâce à des escomptes sur l'avenir, que sous peine de ruine générale vos efforts futurs devront solder.

Nous avons vu que le déficit des récoltes rend la situation des travailleurs plus difficile. Est-il possible de baser les salaires en conséquence, c'est-à-dire de les élever lorsque le prix des denrées augmente et de les abaisser lorsqu'il diminue ? Non malheureusement, les causes qui apportent la gêne à l'ouvrier l'apportent à tous ; en outre l'industriel fabriquant au prix élevé devrait écouler dans l'année, sous peine de ruine, pour éviter ce risque il s'abstiendrait et attendrait, l'année suivante pouvant être meilleure, de plus, les transactions à l'avance seraient paralysées, tous les consommateurs de produits industriels, à commencer par vous, qui pourraient surseoir, remettraient leurs achats à plus tard, la situation deviendrait désastreuse, car l'ouvrier aurait d'autant moins de travail que l'argent lui serait plus nécessaire.

En fait de salaire, rien ne peut être déterminé, la concurrence seule peut en établir le taux ; pour régler cette concurrence il faut un raisonnement, que des études d'économie générale permettent seules d'acquérir à un degré suffisant.

L'INSTRUCTION

Vous tous qui avez à supporter le lourd fardeau d'une arbitraire organisation sociale, ne vous endormez pas au son de promesses toutes faites, répétées à tour de rôle par les sauveurs de peuple à leurs débuts. La science, en vous permettant d'examiner l'ensemble des choses, vous conduira aux solutions qui vous intéressent.

Laissez-là les romans qui vous enfièvrent, vous créent des mondes impossibles, vous mettent l'envie et la haine au cœur. Lisez les Lamennais, les Proudhon, les Michelet, les Louis Blanc, apprenez d'où vient la richesse d'un pays, comment on la fait, comment on la conserve, et peut-être alors, votre expérience de travailleurs vous permettra de dégager ce qui est actuellement possible de ce qui ne l'est pas encore, et d'appliquer ces belles théories, émises pour vous qui ne les lisez pas, par de grands esprits, par de grands cœurs.

Imposez à vos enfants des lectures instructives, ne leur laissez pas en main les livres décourageants niant les principes égalitaires, imposant dogmatiquement à la foule des sacrifiés l'autorité irresponsable de quelques jouisseurs privilégiés ; proscrivant le libre examen, ils étouffent en germe l'intelligence. Que ceux qui possèdent ces livres les détruisent, et en envoient les débris aux papeteries, c'est la seule manière de les utiliser. L'enfant ne doit rien lire que la raison ne puisse admettre ; la plupart des contes merveilleux, mis entre ses mains sont dénués de sens, et s'ils frappent l'imagination, c'est en retardant l'éclosion du jugement.

Des ouvrages ou sont réunis les découvertes de la science moderne et les principes de la morale universelle, ayant pour but l'aide fraternelle, pour maxime le respect de l'équité, sont publiés par des hommes remarquables, beaucoup sont destinés aux divers âges de la jeunesse, bien vite charmée par les attrayantes histoires qui en forment le canevas. Que vos enfants les lisent. Organisez pour eux des bibliothèques populaires, une legère cotisation y suffira ; et parmi les œuvres destinées à alléger pour vous les charges du présent et à préparer un meilleur avenir, il n'en est pas d'aussi efficaces. Que vos syndicats demandent des renseignements aux comités d'instruction démocratique, la formation des bibliothèques vous deviendra facile.

Demandez pour vos enfants en apprentissage le remplacement des cours du soir, par des cours de jour. Après le repas vers midi, deux heures d'étude, divisant le travail de l'atelier, le rendraient moins pénible, et contrairement à ce qui a lieu le soir, l'élève dispos pourrait s'instruire. Le repos corporel et le développement intellectuel obtenus, profiteraient au travail, dans une mesure plus que suffisante à dédommager le patron pour le temps accordé.

Que peuvent faire vos enfants à l'école du soir ? Lorsqu'une journée de travail, accompagnée des rebuffades, et mauvais procédés fréquents dans les ateliers, a épuisé leurs forces, leur fermeté, il leur faut, le cœur gros, prendre précipitamment quelques aliments et aller travailler encore, sous des maîtres ou professeurs fatigués comme eux, auxquels le besoin de repos rend la patience difficile. Combien vont ailleurs à votre insu, tandis que les autres dorment pendant les leçons, ou, harassés, écoutent sans comprendre et fonctionnent machinalement ?

L'adolescent a besoin de la plus instante surveillance ; par l'école du soir, il est livré à lui-même, il sort à une heure avancée, on ne peut contrôler ses actes, il suffit d'un camarade perverti pour compromettre son avenir. Si en rentrant il trouble votre sommeil, maintes fois, l'impatience compréhensible chez vous, qui avez besoin de réparer vos forces, vient, pour toute récompense de ses fatigues, apporter une peine de plus à l'enfant surmené. Peu à peu, naissent en lui la désaffection, le découragement, l'esprit de révolte, il est porté à chercher des compensations dans les vices que peut lui faciliter une liberté prématurée.

Gardez le soir votre enfant près de vous, il doit recevoir le jour l'enseignement utile au travailleur, la société le lui doit puisque bientôt elle réclamera ses forces. Vous n'avez que ces courts instants pour adoucir ses jeunes chagrins, l'encourager, et lui donner l'éducation nécessaire à l'homme qui doit être libre et être à son tour chef de famille.

L'ÉDUCATION

L'instruction et l'éducation sont distinctes. La première est l'étude des sciences et des arts, elle s'acquiert dans les écoles et dans les ateliers. La seconde est l'étude des formes pouvant adoucir les rapports sociaux et les rendre agréables, elle s'acquiert surtout dans la vie de famille. Malheureusement bien peu d'ouvriers se sont trouvés dans la possibilité d'en jouir ; depuis longtemps, des sociétés ont divisé les ménages des travailleurs en attirant les pères et les jeunes garçons dans divers établissements, pendant que les mères et les filles restent isolées. On ne peut entrer ici dans les détails du mal produit par cet état de choses, occupons-nous seulement de ce qui a rapport à l'éducation du jeune ouvrier, de l'apprenti,

Entré vers douze ou quatorze ans dans des ateliers dont le personnel est diversement composé, où généralement l'abus de la force domine, l'enfant brutalisé est disposé à prendre lui-même des manières brutales. S'il sort de l'atelier pour se rendre aux réunions dont il vient d'être parlé, il se retrouve dans le même milieu, bientôt le pli est pris, le mal est fait et presque toujours sans remède.

Désertez ces établissements, vivez en famille, soyez les éducateurs de vos fils. Qu'ils soient témoins de votre respectueuse sollicitude pour vos parents âgés, afin qu'un jour ils vous imitent, qu'ils constatent l'affection et les attentions délicates dont vous entourez vos femmes et vos filles, la sàgesse et le tact avec lesquels vous procédez en toute circonstance. Réprimez avec fermeté les insoumissions, les vivacités de caractère et le langage trivial des ateliers ; qu'ils apprennent par votre exemple à respecter les voisins, à être obligeants avec eux, à ne pas se créer d'inimitiés irréconciliables, en publiant ou dénigrant leurs actes, qu'ils vous voient toujours agir en vue de la réciprocité, c'est-à-dire aider les autres pour être aidés vous-mêmes.

C'est ainsi que vous formerez des hommes de cœur, ayant pour la famille l'affection puissante, qui dispose à tous les efforts. Pour les voisins, un bon vouloir généreux. Pour tous, à côté de l'énergie dans la justice, qui fait respecter, la bonté et la douceur, qui font aimer. C'est ainsi que vous préparerez des jours meilleurs.

L'ESPRIT DE CASTE

Ceux dont la fortune ne procède pas du travail, savent qu'ils devront y recourir, abandonner la vie luxueuse et facile, le jour où assez instruit pour contrôler les actes de chacun, le peuple revisera les lois, abolira les privilèges, et se refusera à édifier ou à étayer la fortune des inutiles. L'instinct des jouissances matérielles les rend hostiles à une extension d'instruction d'où naîtrait l'obligation du labeur commun ; par suite, les moins intelligents d'entre eux multiplient les obstacles, et se répandent en imprécations contre les apôtres de l'instruction populaire ; les autres qui se croient plus avisés, prennent la tête du mouvement progressif pour l'enrayer, préparent des lois d'enseignement libéral qu'annuleront les ordres confidentiels et la routine administrative. Ils les effaceront de nos codes en temps opportun, lorsque l'avènement d'un sauveur aura permis de réduire encore une plèbe trop clairvoyante.

Ceux qui travaillent n'ignorent pas qu'une partie de la fortune publique qu'ils créent, et qui devrait leur appartenir, est
gaspillée en temps de paix, et employée à les terrasser ou à
les détruire en temps de lutte ; ils désignent les malfaiteurs
qui auront un jour à compter avec eux ; mais n'est-il pas
étrange qu'ils enveloppent dans la même réprobation tout ce
qui fait partie du milieu social dans lequel ceux-là vivent
réservant à toute une caste les mêmes traitements, quoique
le plus grand nombre ne prenne que bien indirectement part
aux mesures malversatrices et oppressives. Pourquoi prépa-
rent-ils le même sort à tous ?

C'est que l'intérêt personnel n'est pas le seul mobile, la seule
cause des haines n'attendant qu'une étincelle pour faire explo-
sion. Non, hommes pauvres ! Non, hommes opulents, non
oisifs titrés dans un poste quelconque, il y a entre vous autre
chose qu'une question d'intérêt ou de jouissances matérielles
Il y a ce qu'un homme pardonne le moins à un autre homme
l'affectation continuelle d'un dédain méprisant arrivé à sa
dernière phase.

Voyez cet ouvrier se présenter l'œil anxieux et coiffure à la
main pour proposer son travail. Comment est-il reçu ? Regardez. Le chapeau sur la tête dédaigneusement levée par-
dessus l'épaule ; on le toise de haut en bas ; l'œil s'arrête avec
ironie sur chaque blessure de son vêtement de travailleur
leur nombre permet de supputer quelles plus rudes conditions on pourra lui faire, quelle réduction de prix on pourra
obtenir, il le sait, voyez, il baisse les yeux, il attend, car il
faut du pain aux siens. Quel que soit le résultat de l'entrevue
il n'oubliera pas l'examen qu'il a subi. Hommes qui le traitez
ainsi, il vous garde un compte à régler.

Nous le retrouvons sous des ordres souvent arrogants et
ignorants, exigeant sa servilité autant que son travail.
Exprime-t-il, son avis ? de quel air il est écouté, ou de quel
ton il est renvoyé à son rôle de muet. Une erreur est-elle
commise ? entendez-vous les épithètes méprisantes dont on le
flagelle ; il se tait car il faut vivre, mais vous qui l'avez mal-
mené, observez-le, et voyez ce que son regard vous promet

Cette famille en habits de fête c'est la sienne, c'est jour de
repos. Refoulant ses inquiétudes il cherche l'oubli dans le
sourire de ses enfants presque joyeux pour un jour. Il vous

aperçoit, il a droit à l'estime, il veut que les siens le sachent. Se tournant vers vous il se découvre, sa femme et ses enfants le regardent, et ne voient que son visage s'empourprant de honte ; vous avez passé en détournant la tête, et il a cru voir vos enfants éviter le contact des siens. Si vous saviez de quel œil il les suit.

Il en est ainsi pour tous les actes de sa vie, les exceptions sont peu nombreuses ; puis voyant les meilleurs serrer la main aux plus mauvais, saluer le vice luxueux, se courber devant l'infamie toute-puissante, il ne distingue plus, et en arrive à considérer souvent avec raison tout acte de justice, tout bienfait, comme un os jeté par le dégoût et la crainte pour l'empêcher de mordre ; et sombre il dit pensant à un vers de la Fontaine : « Notre ennemi c'est le riche. »

L'ouvrier, dites-vous, est un être inférieur incapable de se conduire, nous avons mission de le diriger non avec une courtoisie qu'il ne peut apprécier, mais avec une rigueur dominatrice, le courbant sous une crainte salutaire ; l'heureux du jour l'est de droit divin, toute science est en lui, qui lui fait obstacle doit être châtié. On sait cela, mais l'ouvrier pense le contraire, qu'y faire ? Il a non seulement acquis le sentiment de ses droits, mais, de plus, le tact, le savoir-vivre, sont familiers au plus grand nombre ; bien qu'il n'utilise pas cette science à votre égard.

Autrefois il acceptait sans comprendre, comme conséquence d'une situation fatale, des souffrances matérielles, aussi vite oubliées que ressenties. Aujourd'hui il les analyse et en garde le souvenir, puis, viennent s'y ajouter des souffrances morales bien autrement persistantes, bien autrement terribles ; car il a conscience des affronts infligés, aussi il a voué sa haine à cette société qu'il veut détruire, et riposte en attendant qu'il se venge.

Voyez ses fils, qu'il aurait fait respectueux et bienveillants, se présenter devant vous arrogants, affectant l'insolence, le sans-gêne, un grossier jargon. Voyez celui-ci faire exactement le contraire de ce que vous commandez, jouir narquoisement de vos colères, de vos déconvenues, vous coudoyer dans la rue, n'attendant qu'une observation pour vous adresser les injures les plus blessantes ; les vôtres en ont tant adressé aux siens, qu'il en a un stock effrayant à écouler. Rachetez-le, vous le pouvez. Contrairement à ce que vous avez cru jusqu'à présent vous avez affaire à des hommes aussi intelligents que vous, à bon droit aussi fiers que vous; si vous voulez trouver en eux l'urbanité que vous rencontrez chez les vôtres, traitez-les comme étant des vôtres; vous n'aurez pas à en rougir, car leur grossièreté n'est que factice ; c'est l'armure qu'ils revêtent pour vous faire face.

Ayez des lieux de réunion où ils pourront sans être astreints à aucune pratique, à aucun programme, être admis à converser librement avec vous. Chacun gagnera au rapprochement; ils vous donneront l'exemple de la franchise qui stigmatise le malhonnête homme, quelle que soit sa situation, l'exemple d'une vie laborieuse courageusement acceptée. En retour, ils vous verront maîtriser vos impressions, tenir compte des nuances, étudier les détails, choisir vos expressions, veiller sur vos actes ; la cordialité s'établira, et alors la fraternité qui aujourd'hui n'est qu'un mot, préparera le calme, puis l'oubli des injures, puis pour toujours cimentera la paix.

LE PATRONAT

Un groupe intermédiaire se trouve placé entre l'aristocratie et le peuple dont il est l'avant-garde, et où il se recrute exclusivement, il est composé des commerçants et des chefs d'ateliers ou patrons, représentant l'intelligence productive.

Le patron prévoit les besoins de la consommation, et engageant au fur et à mesure, sans aucune garantie, ce que son labeur intellectuel et matériel produit, il tient à la disposition de tous les objets nécessaires. Sans lui, sans les dépôts que grâce à lui on peut établir, le riche serait dans l'impossibilité de vivre et à plus forte raison de jouir du superflu dont son oisiveté a besoin. Sans lui, l'ouvrier chômerait occupé irrégulièrement et serait, pour ne pas mourir de faim, contraint de vivre aux dépens de ceux qui possèdent. Si une paix relative existe entre la richesse et la misère, c'est à lui qu'on le doit. Que récolte-t-il en retour de ses efforts ?

Le riche oisif dont l'inertie est humiliée par son intelligence et son activité, affecte vis-à-vis de lui une morgue hautaine sous laquelle il croit cacher sa nullité et l'accompagne trop souvent de spoliations, sous forme d'achats qu'on oublie de payer le plus longtemps possible afin de bénéficier des intérêts et de mettre à profit les difficultés que la gêne occasionne, pour briser l'indépendance honorable que le travail doit donner.

De l'ouvrier qui croit voir dans le patron, le bourgeois comme il l'appelle, un rouage inutile, un obstacle, un allié de ceux qu'il déteste, il recueille une haine froide, qui se traduit en grossièretés, en nonchalance, à laquelle l'uniformité des salaires n'est pas étrangère, mais qui est entretenue par le désir de supprimer les bénéfices de la vente.

Lorsque le patron rend publiques les plaintes étouffées des déshérités, soutient leur cause devant le riche afin d'éviter à tous le résultat de colères désespérées, le riche l'appelle démagogue et cherche à lui enlever les moyens de vivre.

Lorsque le patron s'adresse aux ouvriers surexcités par l'amertume de leur situation, fait appel à la modération, blâme les projets violents, il est traité de vendu, d'exploiteur.

Entre l'orgueil et l'aveuglement des uns, l'ignorance et les colères des autres, il a jusqu'ici lutté, mais il est épuisé, les rares penseurs qui suivent la marche des événements ne l'ignorent pas. Si les deux forces ennemies dont il arrête le choc continuent à le spolier et à le combattre, le patronat qui maintient l'équilibre va disparaître, il est inutile de dire ce qui en résultera ; tous ceux qui au milieu des agitations actuelles et en face des conflits qui se préparent, ont conservé assez de calme pour réfléchir, peuvent y songer.

L'ouvrier ignore généralement la différence pouvant exister entre les sommes déboursées pour son salaire, la matière employée, les frais généraux, et celles remboursées par les prix de vente. Sans se rendre compte, il est convaincu que les patrons ne poursuivraient pas les affaires, s'ils n'y trouvaient une source de bénéfices considérables ; pour lui, le patron jouit d'une vie facile, pendant qu'un personnel insuffisamment payé lui amasse des rentes. Ici plus qu'ailleurs, les apparences sont trompeuses, nous allons l'expliquer.

Le commerce, qu'il soit représenté par un particulier ou par une association, repose sur un crédit limité ; peu d'exploitations considérables ou modestes peuvent se soustraire aux emprunts, quelle que soit la forme qu'ils revêtent, achats à terme ou capitaux étrangers.

Pour les achats à terme, sous peine de désastre immédiat, le remboursement ne peut être différé ; pour y faire face, on vend ; à perte ou à gain, l'observateur superficiel voit dans ce mouvement d'affaires un signe de prospérité.

La fabrication ne peut être suspendue, sinon les prêteurs de capitaux, prenant la prudence pour de l'impuissance, voudront être remboursés, les fonds disséminés seront un obstacle, les formalités judiciaires et la ruine suivraient de près. Il faut donc conserver les apparences de prospérité en attendant des temps meilleurs qu'on n'ose plus espérer.

Depuis longtemps voici la situation, ceux qui n'ont bénéficié d'aucun patrimoine meurent à la tâche, souvent plus pauvres qu'à leur début.

Ouvriers vous le savez, aujourd'hui la sueur du travailleur est rare, il ne la prodigue pas ; donc personne ne s'en engraisse. Ecartez les écrits inintelligents ou intéressés qui prétendent que vous êtes victimes des patrons, c'est plus souvent le contraire qui est vrai. Ils sont eux, comme vous, victimes d'une mauvaise organisation sociale dont la faute est à tous, et par laquelle tous ceux qui travaillent, luttent, font souffrir, et souffrent.

Le calme qu'ils affectent vous trompe, vous ignorez leurs nuits sans sommeil, leurs fréquents découragements, devant les exigences irraisonnées des prêteurs, des ouvriers et des acheteurs, mais ils sont pris dans un engrenage et ne peuvent s'en retirer, ils doivent cacher leurs angoisses, pour ne pas perdre le crédit qui les soutient.

Presque tous sont sortis de vos rangs ; sans fortune, ce n'est qu'à force d'énergie, qu'ils ont acquis le savoir nécessaire, et trouvé confiance. Bien peu possèdent autre chose, depuis longtemps, on ne s'enrichit plus par le patronat. Pendant qu'ils organisent, créent des débouchés, dirigent les incapacités dont ils se rendent responsables, leurs efforts sont stérilisés par votre antagonisme, qui se traduit en prétentions inacceptables, en inadvertances onéreuses, en inactivité calculée.

Pouvez-vous créer des ateliers coopératifs et les diriger? Car sans direction le plus grand nombre d'entre vous resterait inoccupé. Etes-vous prêts? Non. Alors pourquoi cette guerre sans franchise? Que voulez-vous?

Quel que soit l'avenir des travailleurs, il y aura toujours des dirigeants ; n'importe sous quel nom, vous en établirez vous-mêmes, ils sont indispensables à tout groupement, et quoi que vous fassiez, les différences d'activité, de force et d'intelligence, établiront toujours la supériorité productive chez un certain nombre, dont vous n'obtiendrez le concours, qu'en attribuant des avantages spéciaux aux services supérieurs.

Des chercheurs croient à la possibilité d'une répartition de bénéfice entre le patron et les ouvriers d'un même atelier. Ils paraissent avoir plus de bonne volonté que d'expérience. Examinons.: Dans toutes les maisons, on fait les affaires avec un personnel variable, le va-et-vient d'un atelier à un autre empêche le chômage, sans cela inévitable ; car partout il y a des périodes indéterminées d'activité et de ralentissement, s'opposant à l'emploi régulier d'un même nombre d'ouvriers, non seulement du commencement à la fin d'une année, mais encore pendant la durée d'un même travail. Ajoutez à cette difficulté que, dans la plupart des cas, le prix de vente est hypothétique, et que le bénéfice ne peut être connu qu'après le payement, car le payement peut se faire attendre, n'être obtenu qu'à grands frais ou n'être jamais opéré. Quand et comment se fera la répartition ?

Continuons : Le chiffre de la répartition sera-t-il le même pour le fort et le faible, l'intelligent et l'incapable, l'actif et le fainéant, ainsi que pour toutes les variétés, pouvant se combiner avec les qualificatifs ci-dessus? Quelle source de querelles alors, sinon quelle comptabilité? Qui voudra s'en charger ? Qui voudra s'y soumettre ?

L'exemple de quelques maisons, que la possibilité d'une production régulière favorise, et recrutant l'élite des travailleurs, ne signifie rien; qu'elles essayent de marcher avec les premiers venus, sans ce choix d'ouvriers qui en élimine cent pour un, on verra si elles réussiront.

Que doit-on penser des ateliers en coopération?

Il semble que pour les établir avec succès il faudrait réunir les conditions suivantes :

1o Fédération entre les fabricants de produits similaires, afin que la surabondance, soit de travail, soit d'ouvriers, puisse être répartie d'un point à un autre;

2o Soumission du coopérant à l'ordre de quitter inopinément l'endroit qu'il habite pour se transporter ailleurs ;

3o Etablisement de tarifs uniformes permettant les mêmes bénéfices et les mêmes dépenses dans chaque contrée ;

4o Uniformité d'outillage permettant partout, la même rapidité et le même fini d'exécution ;

5o Egalité de force, d'intelligence et de bonne volonté. entre la majorité des travailleurs, et, chez cette même majorité, esprit d'intégrité et de confiance.

L'avenir permettra-t-il de réunir ces conditions et quelques autres? Résoudra-t-il la question? Il n'est pas interdit de l'espérer, mais actuellement, ni les intelligences, ni les caractères ne paraissent à la hauteur du problème.

L'OUVRIER A L'ATELIER

Soit par découragement, soit pour d'autres motifs, à notre époque, peu d'ouvriers se rendent à l'atelier pour travailler. On y va pour faire acte de présence, et se donner l'apparence du droit de passer à la paye ; quant à s'occuper de ce qu'on a pu produire, on n'y pense guère.

Où mène le ralentissement croissant, constaté partout, car vous le savez, ouvriers qui lisez ces lignes, dans la plupart des industries, celui qui n'est pas à la tâche produit en deux jours ce qui il y a trente ans se produisait en un jour; le désir du repos est excessif, aussi voit-on figurer, dans presque tous les programmes ouvriers, le rejet du travail aux pièces, et son remplacement par le travail à l'heure.

Les conversations sont incessantes, dans un certain nombre d'ateliers on y a ajouté la lecture des journaux, la discussion de leurs théories, du feuilleton du jour et des petites nouvelles. Les interpellations s'entrecroisent; s'il y a temps d'arrêt, c'est pour chercher la formule d'approbation ou de riposte. Les cerveaux depuis longtemps distraits du travail l'ont oublié, on exécute mal et sans vigueur.

Vous êtes les premiers à souffrir de cet état de choses, le travail moins actif rend le produit plus rare, vous êtes les agents du renchérissement continuel qui pèse sur vous, vous allez de la gêne à la misère.

Vous êtes accablés d'amis, dont l'ignorance de tout ce qui touche à vos intérêts généraux se révèle à chaque ligne qu'ils écrivent, à chaque parole qu'ils prononcent, les uns vous engagent à renoncer à toute initiative, autant vaut décréter votre abaissement intellectuel, et réclamer votre renonciation à tout espoir. Les autres considèrent la violence comme l'issue fatale nécessaire à la sanction de vos droits, ils vous conduiraient au même but que les premiers : à l'abrutissement. L'issue fatale, nécessaire, c'est la réforme des abus, ceux qui viennent de vous ne sont pas les moins lourds à vos épaules.

Occupez-vous de votre travail, produisez la plus grande quantité possible avec la plus grande somme de perfection désirable. Croyez-vous que la perfection soit inutile? Si les objets nécessaires, la plupart plus coûteux, durent moins longtemps qu'autrefois, vous imposent des dépenses plus fréquentes, c'est que les ouvriers qui les produisent sont moins capables, moins attentifs, moins consciencieux. Le propriétaire d'une maison, obligé de faire réparer souvent, augmente les loyers. Tout ceci se traduit, pour vous, en un surcroît de privations, de plus, il y a temps perdu et gaspillage de produit. Eh bien, il faut que tout se paye, et qui paye? Vous.

Pensez à vos enfants, lorsque ces pauvres petits vous tendent la main en disant : « J'ai faim encore, » si la gêne vous force quelquefois à leur répondre, c'est assez, rappelez-vous que ce qui fait l'élévation du prix, c'est la rareté du produit, que les forces utilisées dans une mesure raisonnable font la fortune publique, que ce n'est pas seulement le manque d'argent qui fait la pénurie, mais surtout la manque d'approvisionnements.

Supposons cent pains, nécessaires pour cent personnes; si par une cause quelconque, il ne s'en produit plus que soixante-quinze, les plus prompts ou les plus fortunés les obtiendront, et il restera vingt-cinq personnes qui, avec l'argent à la main, ne pourront se nourrir. Admettons un partage entre tous, ce sera alors une privation générale.

Remontez cette pente, sur laquelle vous vous êtes laissés glisser ; que les dissertations de l'atelier soient remplacées par des conférences, tenues le soir ou les jours de repos. Le silence au travail permet seul d'y consacrer son intelligence et ses forces. Vous l'avez oublié, l'émulation a disparu ; le plus fort règle son travail sur celui du plus faible, du plus indolent, du moins intelligent, et, par suite, vous demandez le prix de l'heure égal pour tous. Dans la diminution alors? vous seriez logiques. Quand vous auriez à votre disposition tout le numéraire existant, qu'en feriez-vous si vous ne travaillez pas? l'argent est inutile où il n'y a rien à vendre. Avez-vous l'espérance de faire travailler les autres, pendant que vous vous reposerez?

Demandez à ne plus nourrir les improductifs sans fortune, disséminés partout, et à économiser à votre profit ce qu'ils absorbent sur vos salaires, c'est votre droit; mais travaillez, vous en avez besoin, vous le savez! Alors courage et à l'œuvre !

Sinon, désorganisateurs vous-mêmes, vous êtes sans droit pour rien exiger des autres, vous n'êtes que la force brutale du nombre qui triomphe un moment, s'écrase elle-même et retombe sous le joug.

LES ÉCOLES OUVRIÈRES

Autrefois, avant l'abolition des lois et coutumes corpora
tives, on apprenait véritablement un métier. Un maître ne
pouvant prendre ce titre qu'après avoir fait ses preuves, étai
expert dans le travail et familiarisé avec ses détails. Les af
faires moins actives qu'aujourd'hui lui permettaient de reste
à l'atelier, il y enseignait à ses apprentis tout ce qu'il savai
lui-même, car il devait les mettre en mesure de passer ave
succès les épreuves d'admission au titre de compagnon
L'organisation des corporations lui garantissait en retou
les services de son élève pendant un certain nombre d'an
nées ; elle le garantissait également contre sa concurrence, l
nombre des maîtres ne pouvant être accru ; il fallait pou
prendre possession de la maîtrise qu'une vacance se produisî
Comme tout système, celui-ci nécessitait des réformes libé
rales successives, s'harmonisant avec les progrès intellectuel
de chaque époque. Conservé intact malgré les réclamations
il fut brisé en un jour et remplacé par une liberté que rie
n'avait préparée.

Cette liberté a fait augmenter considérablement le nombr
des ouvriers travaillant à leur compte, sans études, chacu
a pris le titre de maître, qui dès lors, n'offrant plus aucun
garantie, est devenu banal et sans autorité. La confiance qu'
inspirait a disparu, les anciennes clientèles se sont dispersée
chez les nouveaux titulaires abaissant les prix pour obteni
du travail. Depuis, une concurrence déréglée a nécessit
l'invention ou l'emploi de matières défectueuses, livrées à un
fabrication rapide dégagée de tout souci de bonne exécutior
Sauf de très rares exceptions, tout produit est établi dar
ces conditions.

Devant cette manière de procéder, l'obligation de forme
des ouvriers habiles ne s'est plus imposée. Dans le plupart de

ateliers les apprentis transformés en aides, en portefaix, arrivent au terme de l'apprentissage incapables de rien exécuter; comme à partir de cette époque ils prennent le titre
d'ouvriers et doivent être payés, le maître qui a négligé de
les instruire, se soustrait à la perte, et. à la responsabilité
qui lui incombent, en les congédiant sous prétexte qu'il est
bon de circuler pour connaître diverses méthodes. Le jeune
ouvrier, circule, touchant des prix dérisoires encore trop
élevés pour ce qu'il fait et presque aussitôt congédié
qu'accepté. Après quelques années de cette vie misérable, de travail entremêlé de longs chômages, ayant re-
cueilli un enseignement à droite, un avis à gauche, il exécute
quelques pièces par à peu près. Il en est à peine là, lorsque
le service militaire le réclame, il revient déshabitué du travail, se remet à l'œuvre, mais ne progressera jamais; il n'ose
plus interroger, il ne connaît qu'imparfaitement la matière
qu'il emploie, ne sait commment la traiter pour en tirer bon
parti; il ignore la plupart des ressources de l'outillage, et ne
s'est jamais occupé de l'étude des formes à donner. Sa bonté
native a sombré dans la lutte, elle est remplacée par une colère sourde, un esprit de dissimulation ou d'hostilité que de
nouvelles déceptions, de nouvelles humiliations accroîtront.
Puis, moins instruit encore que ses ignorants devanciers, il
devient inconsciemment à son tour instructeur des nouveaux
débutants; avec chaque génération le mal s'aggrave, ce qui
reste des anciens procédés, des méthodes sérieuses disparaît.
Dans les professions les plus utiles, on ne trouverait pas un
ouvrier sur cent possédant convenablement le métier qu'il
exerce, capable de subir avec succès l'épreuve de compagnon
en usage il y a cent ans. Pour l'épreuve de maîtrise, combien
en trouverait-t-on?

Généralement des causes diverses tiennent les patrons
éloignés de l'atelier. Entre maîtres ne pouvant diriger et ouvriers ne sachant exécuter règne la mésintelligence, obstacle
à tout progrès. De l'ignorance et des indécisions qu'elle en-
traîne, résulte quand même une exécution de plus en plus
défectueuse et lente, croyant y remédier on se lance tête
baissée dans ce qu'on appelle l'organisation du travail par
spécialité. La fabrication d'un objet autrefois confectionné
par un seul a été, partout où on l'a pu, fractionnée en façons

diverses confiées chacune à un exécutant spécial. Où cela con-
duira-t-il ? Examinons. Si l'on affectait à ces spécialités des
ouvriers déjà faits, pouvant éviter l'hébétement en changeant
de travail, ce n'en serait pas moins les livrer à l'insouciance
du résultat, au manque d'émulation que le découragement
suit de près avec ses conséquences ; mais le mal est plus
grand, voyez plutôt. On choisit généralement des enfants pour
les dresser à ce genre d'opérations consistant à façonner continuellement le même fragment d'un même détail ; ils seront,
à l'âge d'homme, non seulement inaptes à exercer un métier,
mais encore dans l'impossibilité d'exécuter complètement le
moindre objet. N'est-ce pas là une partie de la population
sacrifiée, escomptée au détriment de l'avenir, destinée à ram-
per devant une autocratie industrielle toujours grandissante,
qui tiendra sous sa botte les malheureux attachés au même
outil, livrés aux prix réduits ou aux chômages fréquents. Que
feront-ils en face des mauvaises inspirations de la misère,
compagne inséparable de toute leur vie, d'autant plus fatalement encore, que l'amour du travail ne pourra naître
en eux, car il résulte non seulement du gain rémunérateur,
mais surtout de la satisfaction intime que fait éprouver un
ensemble réussi, des félicitations qui suivent le succès, et de
la valeur sociale qu'on en aquiert? Quelles générations pré-
pare-t-on ?

La démoralisation s'accroît, l'abrutissement vient, lorsque
ces stimulants manquent au travailleur; ne réduisez pas les
ouvriers à l'état de machines, sinon ces machines vous broie-
ront.

Il est utile de le répéter : si tous les jours le découragement
et le dégoût du travail s'accentuent, il faut en chercher la
principale cause dans l'ignorance professionnelle qui rend les
gains honnêtes plus difficiles à obtenir et ôte à l'homme la
conscience de sa valeur.

En vue d'arrêter le mal, de réagir, les hommes intelligents
songent à la création d'écoles ouvrières; par suite de leur initiative on en parle quelque peu dans les hautes sphères officielles,
où cela reste, et paraît heureusement devoir rester à l'état de
projet. Il faut pour organiser ces écoles des hommes pratiques, et non des législateurs incompétents qui ajouteraient
encore à la liste déjà si longue de nos administrations, une

administration nouvelle, fonctionnant à grands frais, ajoutant aux charges publiques, et, il y a tout lieu de le craindre, ne profitant qu'aux titulaires qui réussiraient à s'y faire installer.

En toute circonstance, pour qu'un bon résultat soit obtenu, il faut que ceux qui le poursuivent aient directement à gagner à la réussite, ou à perdre à l'insuccès; hors de là presque toutes les entreprises échouent. Si les professeurs font partie d'une administration d'État, il s'en glissera dix où un seul est nécessaire. N'ayant qu'une responsabilité collective, ils se reposeront les uns sur les autres, se soustrairont à toute fatigue, et laisseront aller les choses. L'ignorance de leurs élèves aura pour motifs, l'inintelligence de celui-ci, le mauvais vouloir de celui-là, en y ajoutant les raisons de santé, et quelques autres on aura un assortiment d'excuses très convenable. Au sortir de l'école les élèves les mieux doués n'auront presque rien appris de bon, et les autres sauront faire le mal. On luttera contre l'insuccès, en augmentant le nombre des inspecteurs, des directeurs, sous-directeurs, des comptables, des professeurs, des répétiteurs, des maîtres, des contremaîtres, des sous-maîtres, des surveillants, des concierges, des hommes de peine et autres gradés ou commissionnés, sans compter deux ou trois sections aux divers ministères pour centraliser les rapports, et tout ce monde, sans s'occuper du bruit, s'arrangera de manière à vivre tranquillement aux frais généraux. C'est là du reste l'objectif de tout employé administratif sérieux et expérimenté. N'y a-t-il donc rien à faire? Si, certainement.

Maîtres dignes de ce nom, ne vous rendez pas solidaires des rares patrons gonflés dans leur sottise, n'ayant pas assez de cœur pour songer à ceux qu'ils emploient, rapaces, voulant l'ignorance de tous pour mieux extorquer; laissez-les au mépris qu'ils méritent, bientôt ils auront disparu. Réparez le mal qui a été fait. Maîtres auxquels un criminel égoïsme n'a pas enlevé l'intelligence, la réflexion, le sentiment du devoir et de la recherche du bien, maîtres vous voudrez sauvegarder l'avenir social, non seulement pour votre sécurité personnelle, non seulement par affection pour vos enfants dont le sang payerait les larmes des exploités; mais encore par respect de l'équité et par compassion pour ceux qui souffrent.

Formez des syndicats mixtes d'ouvriers et patrons, pour traiter les questions professionnelles avec justice et cordialité. Commencez par créer au moins dans chaque chef-lieu vos écoles ouvrières, une par corps d'état, recevez-y gratuitement les élèves se destinant au même métier, vous y puiserez bientôt vos ouvriers.

N'ayez pas d'internes, laissez les enfants dans leur famille, Vos dépenses se résumeront en location d'un atelier, d'une salle d'étude servant aussi de salle syndicale, en outillage, chauffage, et professorat. Faites y face, chacun en proportion de l'importance moyenne de votre personnel. Evitez les frais inutiles, pas de logements particuliers, pas de professeurs logés, pas de bureaux, pas de concierges. Faites professer sous la surveillance syndicale par des conducteurs honorables, sachant travailler. Rétribuez-les sérieusement vous y trouverez votre compte. Ouvrez un cours de dessin spécial à votre industrie, en moins de deux ans vous aurez des élèves pouvant le professer à leur tour. Complétez l'œuvre en formant dans chaque école une bibliothèque industrielle, afin que l'étude théorique facilite le travail, fournissez vous-même ce travail simple au début, plus sérieux ensuite.

Vous retirerez les objets fabriqués moyennant un prix déterminé, dès la seconde année le produit suffira amplement à couvrir les frais.

Dans la plupart des professions la durée de l'apprentissage est de trois années, deux années passées dans de semblables écoles produiront de jeunes ouvriers disposés à l'étude, à même d'exécuter vos travaux et de vous dédommager suffisamment en passant gratuitement la troisième année dans votre atelier. Libres ensuite ils seront plus que capables de se suffire avec leurs gains, et deviendront pour vous des collaborateurs intelligents et dévoués. Vous ne serez plus à leurs yeux le patron avide, mais le protecteur cordial de leurs jeunes années.

Sans doute on ne pourra dès le début installer des moteurs à vapeur, ou des machines-outils dispendieuses, mais en attendant faites des ouvriers pouvant manier le crayon en même temps que l'outil, pouvant vous représenter et tenir de leur travail une comptabilité qui simplifiera la vôtre ; des ouvriers capables d'améliorer l'outillage et par conséquent de produire mieux et à moins de frais.

Voulez-vous un projet d'organisation de travail journalier? Fixez-en la durée à dix heures, commençant à sept heures du 1er mars au 1er novembre, et à huit heures le reste de l'année. A l'arrivée, une heure de dessin, suivie de sept heures de travail manuel divisé par l'heure du repas, sans sortie. Ensuite une heure et demie d'études, ainsi réparties pour la semaine : arithmétique, une soirée; géographie commerciale et industrielle, une soirée; relevés de travaux, rédaction de mémoires, tenue de livres, une soirée ; théories d'économie générale, lectures morales, lectures de droit usuel, trois soirées; puis avant le départ, demi-heure pour rangement de la salle d'étude et de l'atelier.

Travailleurs, dites-vous bien que vous n'avez rien à attendre en dehors de ce que vous ferez vous-mêmes pour améliorer votre sort, ayez à cœur d'envoyer vos enfants à ces écoles, vous leur éviterez ainsi la plus grande partie de vos tâtonnements, de vos humiliations, de vos amertumes, soyez les agents de votre affranchissement; et alors, bientôt, considérant avec fierté vos enfants instruits, intelligents, pleins d'avenir, vous pourrez vous dire avec certitude : Nos fils seront libres !

LES CHAMBRES SYNDICALES

Les contestations commerciales donnent lieu à des actions judiciaires onéreuses, n'offrant aux intéressés aucune garantie. En dehors des questions générales on est en face de juges mal renseignés. Une question d'orfèvrerie est tranchée par un entrepreneur de terrassement ou vice versa. Si par extraordinaire un juge est compétent, ses collègues se rangent à son opinion sans examen. Commerçants, avant tout, leur temps est pour eux et non aux intérêts étrangers, ils sont là pour faire nombre. Est-ce suffisant? Est-ce rassurant?

Sont-ils nommés par leurs justiciables confiants en eux? Non, voici le fait. Devant les lois conservées des époques de privilèges, les électeurs s'abstiennent, les rares commerçants qui se dérangent encore par habitude, choisissent parmi eux les plus en vue, peut-être aussi les plus indépendants, mais en matière d'arbitrage commercial il faut des spécialistes pour chaque cause : l'indépendance sans la science professionnelle, n'offre pas plus de sécurité qu'un navire sans boussole.

Beaucoup ont intérêt à créer des différends entre le producteur et le consommateur, ordinairement l'immixtion de gens gagnant leur vie à se mêler de ce qu'ils ignorent, pourvoit les tribunaux de commerce. On discute pour cent francs, on en dépense le triple. Après une discussion nuageuse on s'en va allégé d'argent avec un ennemi de plus, ni le tribunal qui prononce comme il peut, ni l'auditoire, n'ont rien compris aux plaidoiries; mais ainsi que la profession paraît l'exiger, chaque avocat a consciencieusement injurié l'adversaire de de son client. En l'état actuel le plus difficile ne peut demander mieux.

Comment donner satisfaction aux intérêts honorables, faire naître la confiance, établir la sécurité? En faisant la lumière, c'est-à-dire en nommant des hommes compétents pour examiner chaque affaire. Travailleurs de tous métiers, pour soutenir vos droits formez des comités consultatifs, ou chambres syndicales. Les décisions motivées, irréfutables, de leurs membres honorables et expérimentés commanderont le respect; vous ne serez plus à la merci d'arrêts inconscients souvent provoqués par des intermédiaires indélicats.

Patrons et ouvriers, vous réunirez fréquemment vos syndicats, les animosités s'atténueront, bientôt l'âpreté des discussions sera remplacée par la recherche calme et réfléchie, du vrai et du juste.

Vous le savez, car vous en souffrez, souvent l'homme isolé redoutant les inimitiés réserve à regret son opinion. Les décision collectives de vos réunions syndicales couvriront les responsabilités individuelles. Votre faiblesse est dans votre isolement, la plupart de vos déboires, de vos pertes d'argent, de vos luttes sans résultats, en proviennent.

L'antagonisme des intérêts entre patrons et ouvriers n'a pas de raison d'être, ces intérêts sont identiques, et en ce qui concerne les relations de travail, ils se résument en égards réciproques et en rémunération suffisante. Vos syndicats réunis établiront les prix de main-d'œuvre, rendront publics les prix de vente, les soutiendront devant toutes les juridictions, et au besoin vérifieront les fournitures faites. Vous dominerez ainsi les astucieux : acheteurs de mauvaise foi, intermédiaires parasites, sans oublier les travailleurs sans probité, exagérant les quantités, ou livrant aux acheteurs trompés des marchandises mauvaises.

Les commerçants ont la conscience large, disent certaines gens. Hommes honnêtes, c'est aux dupeurs que vous devez ce misérable dicton ; démontrez votre loyauté en signalant les habiles qui déshonorent vos professions ; si vous voulez vivre respectés et libres, démasquez-les. Dans le commerce comme ailleurs, la liberté procède du respect du droit. Tolérer la duplicité ou subir silencieusement l'injustice, c'est y porter atteinte ; s'il en est qui manquent de la virilité nécessaire pour signaler le mal, qu'ils se courbent et rampent. La liberté n'affranchit pas les eunuques.

A peine constitués, vous éprouverez le besoin de vous réunir souvent, car les sujets d'études ne manquent pas. Vous aurez à traiter bien des questions : Rédaction de tarifs raisonnés. Recherche des usages commerciaux des différentes contrées. Examen et revision des lois vous concernant. Comparaison des procédés industriels. Perfectionnement de l'outillage. Moyens propres à diminuer la fréquence des accidents. Réglementation des heures de travail. Respect des obligations contractuelles d'apprentissage. Fondation de cours professionnels et d'écoles ouvrières. Etudes de sociétés coopératives, de projets de secours à la vieillesse, etc...

Pour embrasser l'ensemble des intérêts, vous établirez des correspondances entre tous les syndicats français. Vous vous demanderez si nos ressources, agricoles, minières, forestières, etc.., sont connues, utilisées, et sagement exploitées. Vous vous demanderez où conduisent : l'augmentation des salaires, l'élévation de prix progressive de tout ce qui est utile, quelles en sont les causes ; d'où viennent les événements intérieurs et extérieurs qui influent sur le chiffre de vos affaires ; comment sont répartis les travaux publics et à quels besoins ils répondent, quels sont les impôts qui grèvent vos produits, quels débouchés commerciaux extérieurs peuvent être ouverts, et par quels moyens ils peuvent être protégés ; quels sont les produits étrangers indispensables, quels produits indigènes pourraient les remplacer ; quels sont les peuples dont l'intelligence peut venir en aide à la vôtre et faire progresser, l'humanité. En cherchant la réponse à ces questions, vous chercherez la réponse à vos problèmes commerciaux, vous saurez quelles alliances vous devez préférer ; quelles sont celles qui s'imposent, avec quelles rivalités vous aurez à lutter.

Vos chambres disséminées sur le territoire mais réunies par les mêmes aspirations, représenteront la fécondité française, la fortune publique. Vous serez tous intéressés au calme, à la paix indispensable à la prospérité commerciale ; mais aussi à l'énergique maintien de vos droits intérieurs et extérieurs. Vous serez tous intéressés aux progrès intellectuels sans lesquels rien ne s'améliore ; à la justice sans laquelle rien n'est durable. Vos sociétés réuniront bientôt un million de membres, vous mettrez au concours l'étude des questions générales qui vous intéressent. Avec un versement de un franc par chacun de vous, vous pourrez décerner aux meilleurs rapports vingt primes annuelles de cinquante mille francs. Avec cela, vous pourrez faire appel aux plus hautes intelligences. Avec cela, avec moins que cela, vous aurez le point d'appui désiré par Archimède. Vous soulèverez le monde. Il vous sera facile de distinguer les citoyens utiles d'entre les oisifs et les nuisibles ; vous choisirez à chaque époque les hommes nécessaires à la situation, et vous signalerez aux électeurs vos choix raisonnés et autorisés. Vou n'aurez étudié que des questions commerciales et forcément vous aurez traité toutes les questions politiques, car dans tous les États, quels qu'ils soient, les agissements politiques ont pour but la satisfaction des besoins, au profit des privilégiés chez les peuples ignorants, au profit de tous, chez les peuples studieux sachant être libres.

Je ne m'occupe que de mes affaires, si tout le monde faisait ainsi cela irait mieux, disent de braves gens de toute sorte. Leur pénurie intellectuelle les empêche de voir que c'est grâce à une maxime contraire, pratiquée par les esprits généreux des générations précédentes, qu'ils ont pu vivre autrement que des bêtes de somme dont quelques-uns ne' diffèrent que par la structure extérieure.

Travailleurs de bonne volonté, vous n'aurez avec vous, ni ceux dont l'abdomen remplace le cerveau somnolent, ni les pêcheurs en eau trouble, ni vos collègues chez lesquels l'amour du gain remplace le respect de la justice ; quel que soit le nombre et l'influence apparente de ces abstenants, dédaignez-les, la force est en vous, agissez. Producteurs intelligents de tous degrés, vos intérêts sont les mêmes vous avez droit à une considération méritée et à une rémunération équitable, pour la somme de bien-être apportée à tous par vos efforts ; pour les obtenir, organisez-vous, réunissez-vous. Vos réunions mettront en contact des hommes divisés qui apprendront à s'estimer, le sentiment de justice deviendra mieux défini chez la plupart, les natures perverses se sachant surveillées se contiendront, les égoïstes seront méprisés, tous auront des juges, chacun pourra être traité selon ses actes.

Travailleurs, que vous soyez en monarchie ou en république, les abus, le despotisme, vous courberont toujours si vous n'étudiez en commun les moyens d'y mettre un terme. Vous ne pouvez être plus libres qu'autrefois, si comme autrefois, ignorants et sans courage dans l'étude des affaires publiques ; votre incapacité, votre isolement, vous laissent à la merci des serviteurs de l'État vos maîtres dédaigneux. Votre engourdissement intellectuel trop utile au service de leurs intérêts pour qu'ils tentent d'y remédier efficacement, leur fait une loi de salut public d'avoir la force en main, pour l'opposer, aux hommes de proie des réactions liberticides, aux bas instincts, que des inconscients croient vertus démocratiques, aux réformateurs brutaux, qui n'allégeraient les uns qu'en écrasant les autres ; et ils en profitent pour se maintenir, s'imposer, et s'enrichir de ce qui est à tous ; tandis que respectueusement vous les regardez faire.

Il faut unir le savoir à la persévérance pour conquérir la liberté. L'effort d'un jour, le sang des martyrs ne la font pas surgir. C'est par l'étude journalière, continue et faite en commun des moyens pratiques, que vous en préparerez l'avènement. C'est par la réforme des mœurs, par la culture de l'esprit de solidarité, par l'énergie au travail, que vous en deviendrez dignes; elle est dans vos mains et non dans celles des gouvernants; vous la posséderez quand vous voudrez.

Vos réunions de députés législateurs ne peuvent améliorer, elles ne peuvent que sanctionner le progrès, le sauvegarder, si vous savez l'affirmer et le produire. La liberté ne crée rien par elle-même, elle n'est que l'outil indispensable, au travail des hommes ardents aux études humanitaires, au travail des hommes de cœur et de fraternité. Que vos réunions syndicales vous préparent aux efforts généreux qui produisent ces hommes, et vous soutiennent dans votre labeur.

ÉLÉMENTS DE LA FORTUNE PUBLIQUE

La production doit se classer dans une des deux catégories suivantes :

1o Produits indispensables à l'existence, aliments, vêtements, habitation;
2o Produits non indispensables relevant du luxe ou du confort.

Pour que les habitants d'un pays n'aient pas à souffrir de privations, il faut que les produits indispensables soient assez abondants pour satisfaire aux besoins de chacun, soit qu'ils proviennent du pays lui-même, soit qu'ils proviennent d'échanges avec l'étranger.

En France nos produits indispensables sont insuffisants, et nos échanges n'y peuvent suppléer, donc une partie des habitants manque du nécessaire, donc la France est pauvre.

Ne croyons pas ceux qui exaltent la richesse de la France,

sous prétexte qu'une certaine quantité de numéraire y circule : ce numéraire est évalué à six ou sept milliards, moins de deux cents francs par habitant. Combien de jours ferait-on face aux besoins avec les produits représentés par ce chiffre, lequel du reste s'amoindrit tous les jours puisque maintenant nos achats à l'étranger sont supérieurs à nos ventes.

Non, la France n'est pas riche, la gêne y domine. La richesse, c'est le superflu quand tout le monde est rassasié; l'aisance c'est le nécessaire, pour que tout le monde le soit. Nous n'en sommes pas là.

La France n'est pas riche, mais elle possède dans la fertilité de son sol et dans l'intelligence de ses habitants, des éléments de richesse suffisants, il faut les utiliser, c'est-à-dire augmenter la production des objets de première nécessité.

Nous en sommes insensiblement arrivés à tout sacrifier aux apparences, il n'est pas besoin de s'appesantir sur les détails, tous nous en souffrons. Qu'attendons-nous pour réagir?

Nous nous qualifions de peuple artiste, nous nous drapons sous ce titre, que l'étranger nous abandonne en levant les épaules; les travaux fatigants, mais utiles, sont délaissés par tous ceux qui peuvent s'y soustraire, et nous entassons les produits inutiles, en attendant que nous mourrions de faim.

Nous faisons assaut d'élégance, c'est admirable vraiment! Nous avons des artistes couturiers, qui s'ingénient à faire des vêtements qui ne puissent subir un mouvement sans craquer et qu'on ne puisse réparer pour en prolonger la durée; on n'a pas un pli sur les reins, mais rarement dans les poches autre chose que la facture inacquittée, et malgré cela, dans presque toutes les familles, les femmes dévoyées par notre goût perverti cherchent encore le moyen d'attacher une cocarde de plus sur une coiffure qui s'en écroule, et une frange de plus sur un vêtement qui en ruisselle. Nous faisons copier sur les vêtements des oisifs, modifiés tous les jours, des habits ridicules, d'étoffes défectueuses, que nous portons d'une façon grotesque.

Oui, notre réputation est fondée : nous sommes à sa hauteur. Levons la tête, poupées de mode du monde entier, marionnettes de la civilisation, mannequins de l'Europe élégante.

Ne serait-il pas à propos maintenant de nous procurer le pain et l'instruction qui nous manquent ? Ne trouvez-vous pas?

Relevons nous? Reprenons nos habits modestes et confortables d'autrefois, d'étoffes durables, souples au travail.

Que la vigueur de nos fils ne soit plus employée à mesurer des dentelles, à amonceler des bijoux, des fleurs et des rubans, que l'étranger ne nous demande plus, que nous serons bientôt seuls à porter.

Les métiers inutiles tiennent une trop large place dans notre industrie, ils nous appauvrissent; si nous y sommes enchaînés, écartons-en nos fils. Laissons aux femmes, aux infirmes, ceux où la vigueur est inutile. La mollesse actuelle a enlevé aux femmes des villes le travail convenablement rétribué qui leur appartient, ne leur a laissé que la prostitution ou la faim; elle a gangrené les mœurs, abaissé les caractères, elle va ouvrir la période de notre agonie nationale.

C'est sous l'influence démoralisatrice du luxe, de la misère et des vices qu'il engendre, qu'ont disparu les grands empires d'autrefois, dont les monuments en ruine attestent les splendeurs.

Notre démoralisation est effrayante et s'étale cyniquement au grand jour. Notre abaissement a commencé, notre chute est imminente.

Relevons-nous! que le plus grand nombre retourne aux professions utiles, prenons le manche de la charrue, la bêche, la cognée, le pic, le lourd marteau ; que les routes s'ouvrent sur les lieux inaccessibles, partout où il y aura une richesse à produire, un produit à exploiter.

Depuis cinquante ans, les travailleurs des champs les ont désertés, pour aller dans les villes, s'y adonner aux travaux industriels. Les familles les plus aisées, les plus à même de s'instruire, d'étudier les conditions chimiques du sol, la culture et le bétail qui conviennent à chaque terrain ont des premières abandonné la place. Les bras manquent, la terre dort. Voilà le mal, portez le remède.

Repeuplez les campagnes, ouvriers des villes, tôt ou tard il vous faudra en venir là ; que ce soit tôt, n'attendez pas que l'excès de misère vous l'impose, après des souffrances et des luttes stériles. Envoyez-y une partie de vos enfants, le travail des champs est par excellence le travail de l'homme libre, il donne santé et liberté.

LES PREMIÈRES RÉFORMES A OPÉRER

Pour diminuer les privations des travailleurs, et propager l'instruction indispensable à la réalisation de tout progrès, il faut accroître la production, et réduire le nombre des heures de travail. Ces deux résultats, qui paraissent s'exclure, peuvent être obtenus par votre bulletin de vote.

Une production approximative de moitié en plus serait effectuée en France, si tous ceux qui sont sans fortune produisaient, mais pour garantir l'indépendance du pays et régler les affaires générales, il faut des soldats et des administrateurs, ceux-là ne peuvent produire.

Malheureusement, sous ce prétexte, des lois que tous les parasites veulent conserver vident les ateliers pour emplir les casernes et groupent les indolents pour administrer, ce qui consiste surtout à enlever au travailleur tout ce qu'il est possible de lui prendre, et à en vivre largement en simulant une occupation quelconque.

S'il faut un certain nombre d'hommes au service public, il ne faut pas dresser et payer un quart de la nation pour bureaucratiser, c'est-à-dire absorber ce que gagnent les autres.

S'il faut des soldats ; ce n'est pas pour courber, et faire parader indéfiniment devant quelques vieux militaires, le pays dont ils reçoivent la solde ; pour continuer à faire étouffer sous leurs ordres, les germes d'indépendance ; pour faire perdre dans leurs casernes, l'habitude et le respect du labeur fécond. Si nous ne voulons rester sous les joug des tyrannies subies, il ne faut pas enlever à la production et leur confier plusieurs années, tout ce qui, jeune, vigoureux, pénétré des idées modernes, peut seul relever, faire vivre la France et constituer ainsi sa plus précieuse phalange, sa plus vaillante noblesse, celle du travail.

Il faut congédier le jeune soldat aussitôt son éducation militaire terminée. Il faut réduire au nombre strictement nécessaire les employés administratifs. Alors les champs, les ateliers, se peupleront, on peut évaluer à un tiers l'augmentation de production qui en résultera. Ouvriers qui travaillez douze heures par jour, par ces réformes, avec huit heures de travail on aura une production égale à celle actuelle, et la part prise sur vos salaires pour entretenir le personnel superflu, ne vous sera plus enlevée.

Un ménage ayant un enfant verse en moyenne 225 francs d'impôt annuel, on prélève cette somme jour par jour sur tout ce qui est indispensable, et par suite vous est vendu ou loué augmenté d'autant. Vous ne pouvez toucher à rien qui ne soit imposé; sous le nom d'impôt des portes et fenêtres vous payez à l'État le droit de respirer et de circuler dans votre habitation.

Sauf une très minime partie, employée aux besoins généraux de la nation, toutes les sommes produites vont aux titulaires de la basse et de la haute administration; pour ceux-ci, à des traitements fabuleux, on ajoute des hôtels magnifiques, ou des palais splendides, meublés avec une richesse prodigue, remplis de domestiques, pour saluer au passage, tourner les boutons de porte, et donner à leurs chefs des leçons de maintien officiel.

Une loi confère au président de la république un traitement de douze cent mille francs dont six cent mille pour indemnité à différents titres. C'est évidemment une grande économie réalisée sur le traitement impérial; mais, n'est-ce pas encore trop pour nos ressources ! cette somme représente la nourriture et l'entretien de douze cent familles. N'oublions pas que le président actuel considérait l'emploi comme inutile. Il l'a soutenu solennellement autrefois, et aujourd'hui, sans bruit, en homme d'esprit, il prouve ce qu'il a avancé. C'est pour faire cette preuve, nous éclairer, et par là sauvegarder l'avenir, qu'il accepté cette situation dont le pouvoir remis en d'autres mains, a déjà été si funeste au pays.

Ils sont nombreux ; ceux qui tendent à la république leur oisive main gantée, pour y voir déposer sous le nom de traitement des sommes de toute provenance. Rendons à la vie privée et à l'estime d'eux-mêmes, ces gens, vivant d'argent extorqué à leur profit au moyen de lois ou décrets semblant provenir de l'organisation hiérarchique du banditisme des monarchies. Le travail qu'il n'ont jamais connu et auquel ils ne pourront se soustraire, les régénèrera.

COMMENT ON DOIT VOTER

Pour créer une loi, il faut une proposition d'un des pouvoirs publics, soit des ministres, soit de l'une ou de l'autre des deux Chambres ; puis, pour que cette loi soit promulguée, elle doit être acceptée par la Chambre des députés et par le Sénat, cela ne va pas tout seul.

Les ministres n'ont pas le temps de légiférer.

Vos députés ne savent ce que vous voulez.

Le Sénat ne tient pas à le savoir.

Puisque vous nommez vous-mêmes vos députés ; sachez définir ce que vous désirez, choisir vos hommes, vous serez obéis.

Pour le Sénat vous ne pouvez procéder de même ; les sénateurs dont la nomination n'appartient pas au Sénat lui-même, sont nommés par vos députés, vos conseillers généraux, vos conseillers d'arrondissement, et par un délégué de chaque conseil municipal. Il s'ensuit que les élections des conseillers généraux, municipaux et d'arrondissement, ont une importance capitale, car c'est par elles seules que vous avez action sur le Sénat ; tant qu'il existera elles devront rester exclusivement politiques, la question de l'émancipation de la France doit primer les questious de voirie ou de circulation, lesquelles du reste ne s'en porteront pas moins bien.

Vous le savez l'union fait la force. Formez des comités, dont les délégués écartant les intrigants ou les faibles qui encombrent les chemins, choisiront des mandataires acceptant vos volontés et prêts à les faire prévaloir.

Il n'est pas besoin d'illustration, du reste vous en avez d'acquises. Gardez-vous des discoureurs, ils se tiennent dans le vague, et une fois nommés, se ménagent des amis politiques dans tous les camps, n'importe à quel prix. Combien vous ont promis de se sacrifier à vos intérêts ? Tous n'est-ce pas, avec force geste et la main sur le cœur. Où en est-on ? qu'ont-ils fait ?

On a retourné quelques lois, comme on retourne un vieil habit, on voit le dessous des taches au lieu du dessus, et c'est tout. Ah ! encore, on a largement augmenté le nombre des places rétribuées, aussi la moisson budgétaire s'exécute-t-elle avec une conscience et une rapidité prestigieuses. Il est juste de dire que, par suite, le maintien de la république est assuré, car sachant que bientôt les moindres bribes auront disparu, et qu'il ne restera même pas à glaner, les monarchistes sont consternés, découragés, sans stimulant.

On s'incruste dans des sinécures à forts appointements, on s'y cramponne, on s'y fortifie car beaucoup en font le siège. Quand on pourra s'occuper des affaires publiques on procédera à des dégrèvements. On abaissera les droits sur les vins en les reportant sur les tonneaux. On concédera des droits politiques comme la nomination des gardes champêtres par le suffrage universel, ce qui donnera lieu à de brillantes luttes oratoires dans les deux Chambres ; puis on passera aux lois libérales : vous serez autorisés à payer chaque semaine l'impôt direct que vous versez par douzièmes. Les lois économiques ne seront pas oubliées ; à toutes les caisses publiques seront annexées des caisses d'épargnes populaires et des caisses d'emprunt permanent où tous les citoyens pourront verser leurs réserves à partir d'un centime. De temps à autre on parlera de fixer un jour pour aviser aux moyens de venir en aide aux affamés ; si ceux-ci trouvent le temps long, on leur expliquera que Paris n'a pas été bâti en un jour ; s'ils réclament il s'en trouvera qui proposeront de leur garnir l'estomac avec du plomb, suivant l'excellent procédé jusqu'ici appliqué à l'extinction du paupérisme.

Si vous pensez que tout cela laisse à désirer, ouvriers des villes, conférez-en avec les travailleurs des campagnes, vous avez parmi eux des amis qui attendent aussi les réformes tant de fois promises ; visitez, écrivez, insistez ; pour qu'ils forment des groupes correspondant avec les vôtres, qu'avec vous ils stimulent les abstenants, en politique l'indifférence équivaut à la lâcheté : l'abstention est le puissant auxiliaire des dominateurs. Placez-les en face du résultat des lois existantes et dites-leur :

« Voulez-vous continuer à être molestés par une légion d'oisifs subalternes à vos gages ?

» Ruinés et asservis par une multitude de fonctionnaires avides, aux salaires insensés ?

» Fusillés par vos fils, terrorisés sous les lois des anciens despotismes ?

» Ou voulez-vous :

» Trouver dans les fils que la loi vous enlève, les soutiens de vos revendications, et les compagnons intelligents de vos travaux ?

» Ne payer que les hommes qui vous sont utiles ?

» Vivre avec fierté en travaillant, et profiter de vos épargnes ? »

Lisez attentivement le programme inscrit aux chapitres suivants ; sa réalisation vous permettrait d'étudier, de préparer l'accomplissement prochain des réformes qui doivent vous donner le bien-être. A chaque jour sa tâche. S'il vous convient, que vos candidats députés ou conseillers le signent avant l'ouverture de la période électorale, et s'engagent à n'envoyer au Sénat que des hommes l'ayant signé.

Mettez vos comités en rapport ; et pour parer à toute éventualité, choisissez à l'avance, parmi vos compagnons de travail, ceux voulant bien vous représenter, et alors si les candidats qui s'offriront à vous hésitent à signer votre programme, n'hésitez pas, nommez les ouvriers choisis, avec mission d'agir sans perte de temps, sans discours, manches retroussées.

Qu'ils s'engagent pour le cas où ils seront élus, à verser un tiers de leur traitement, pour frais électoraux.

PREMIER MANDAT IMPÉRATIF

Nous imposons à nos mandataires soussignés, la mission de poursuivre sans trêve la réalisation des réformes énoncées ci-après, et nos députés s'engagent à refuser le vote du budget, jusqu'à ce que satisfaction complète soit obtenue.

Ceux de nos mandataires qui auront à participer aux élections du Sénat, s'engagent à ne donner leurs suffrages qu'à des hommes ayant signé les mêmes résolutions.

PROGRAMME

CHAPITRE PREMIER

LIBERTÉS PRIMORDIALES

Nous voulons quand il nous plaira, sans être autorisés ni dérangés par les agents de nos agents, quel que soit leur titre, nous réunir, pour traiter de nos affaires publiques ou privées, publier notre pensée, nos décisions, nos instructions à nos mandataires. Nous ne voulons plus laisser quelques hommes administrer sans contrôle efficace, et disposer à leur gré de nos biens, de notre vie, et de la vie de nos enfants. Par suite nous réclamons :

Liberté de réunion.
Liberté d'association, Électorale, Ouvrière, Industrielle.
Liberté de la presse.
Le tout sans restriction, sans autre règle que le respect du droit commun.

L'immense association policière, qui devrait être au service du pays, a tous ces droits contre les citoyens.

CHAPITRE II

SERVICE MILITAIRE

Le service militaire, tel qu'il est organisé, absorbe]
vigueur de la nation dans des exercices puérils, sous un
discipline souvent brutale et féroce, instituée pour les enfan
du peuple, dont elle tue la dignité et l'esprit d'initiative. Le
jeunes gens qui y sont soumis, avec la durée actuelle du ser
vice, sont perdus. La caserne les fait inutiles pour le présen
incapables pour l'avenir. On les compte, ceux dont l'act
vité et l'intelligence productive ont pu être réveillées au r
tour.

Les discours des routiniers officiels nous importent pe
Pour défendre son pays, il faut savoir se servir de son arm
faire quelques mouvements d'ensemble, reconnaître l'ord
transmis, et établir son campement, le reste est inutil
nous l'avons vu. Deux ans suffiront à cela pour les moi
intelligents. Les parades y perdront ? Tant mieux, nous e
avons assez. Devant l'étranger victorieux, le pied posé si
les membres toujours palpitants de la France mutilée, l
récits emphatiques de certaines manœuvres, et les félicit
tions ridicules qui les suivent, épaississent sur nos fron
le rouge de la honte.

FORMATION DES CADRES

On ne peut former les cadres, les sujets manquent. I
contraire serait étonnant, quelle situation fait-on aux sou
officiers ? Qu'ils soient payés sérieusement, que leur sol
égale le prix moyen des salaires industriels. Exigeons qu'i

soient traités avec politesse par les officiers, on verra le ré
sultat.

LES ENGAGÉS VOLONTAIRES D'UN AN

Les volontaires d'un an forment une caste privilégiée dar
les casernes, cet abus doit disparaître. Tout soldat qu
qu'il soit, doit vivre à l'ordinaire et être soumis au régim
commun qui est déplorable, c'est le seul moyen de le fai
rapidement améliorer, car si le mot de Lamennais, silence au
pauvres, est toujours d'actualité, on écoute les plaintes de
riches.

LE VOTE POUR L'ARMÉE

La vie des Français faisant partie de l'armée active est à l
disposition des mandataires du pays, ils sont plus que pe
sonne intéressés à leur choix, leur droit d'électeur suspend
aujourd'hui doit leur être rendu. Avec le scrutin de liste pa
département l'élément militaire n'aura que sa juste part d'ir
fluence.

Par suite de l'exposé qui précède, nous réclamons :

Durée du service militaire fixée à deux ans.

Traitement annuel des sous-officiers fixé à mille francs, avec l
gement individuel meublé, dans les casernes.

Obligation pour les soldats et caporaux de se conformer au r
gime de l'ordinaire. Interdiction de se nourrir habituellement, so
à la cantine, soit au dehors. Défense de se faire remplacer po
les corvées.

Pour tout militaire âgé de vingt et un ans, participation à l'éle
tion des députés. Pour ceux présents au corps, assimilation au
habitants de la commune où ils seront campés ou casernés, tant po
les réunions électorales que pour le vote aux mêmes sections.

CHAPITRE III

TRAITEMENTS DES HAUTS FONCTIONNAIRES

Les hauts fonctionnaires ont été jusqu'à présent salariés, en dehors de toute proportion avec les autres salaires. La gestion des affaires publiques n'est pas instituée pour les faire vivre en fête, et leur procurer aux dépens de tous, une fortune rapide. Rien ne justifie le taux exorbitant de la plupart des traitements, il s'élève généralement en raison inverse des services rendus ; ils nous ruinent, en excitant les convoitises, ils attirent des individualités nuisibles. Plus tard on avisera à diminuer le nombre des titulaires actuels, il dépasse toute mesure.

Notre représentation au dehors n'aura pas à en souffrir. Les peuples étrangers connaîtront véritablement la France, et la respecteront, lorsque les ambitions réfrénées, et les nullités fastueuses et brouillonnes disparues, ils se trouveront en face d'hommes laborieux, voulant faire les affaires de la nation, et ne faisant pas consister le travail en parades de toute nature et en expédients de même valeur.

Dans nos propriétés nationales affectées ou non aux services publics, sont réservées de luxueuses habitations, dont le moindre défaut est de restreindre les locaux nécessaires ; elles nécessitent l'achat, l'entretien, le renouvellement de mobiliers somptueux ; des appropriations coûteuses à chaque changement de titulaire et des dépenses considérables d'entretien ou de reconstruction de bâtiments inutiles. La location ou la vente de ces habitations s'impose ; les hauts fonctionnaires peuvent mieux encore que les autres habiter au dehors et se rendre à leurs bureaux pour y travailler. La cohabitation publique les démocratisera.

Nous réclamons ce qui suit :

— Les traitements supérieurs à dix mille francs, seront, dans les six mois, réduits des deux tiers à partir de cette somme ; en attendant qu'ils soient réglés sur la valeur des services.

— Pour les traitements auxquels sont jointes des indemnités, quel qu'en soit le titre, la réduction portera sur l'ensemble.

— Si l'indemnité est accordée en nature, elle sera soumise à cette réduction.

— Les fonctionnaires habitant des locaux appartenant à l'Etat, devront les quitter dans un délai qui ne pourra excéder une année. S'ils ne sont pas utiles aux services généraux et qu'ils puissent être isolés, ces locaux seront vendus ou loués. Dans tous les cas, le mobilier les garnissant sera liquidé. Les concierges seuls résideront dans les édifices publics et dans les propriétés de l'État, autres que les bâtiments scolaires.

ralisés et classés en deux catégories : l'une soumise à l'impôt direct réclamé personnellement à chaque contribuable, sous les noms de cotes : personnelle, mobilière, foncière; et l'autre soumise à l'impôt indirect prélevé sur tout produit, sur tout commerce, par des taxes d'octroi, douanes, patentes, etc...

Depuis longtemps des intérêts opposés réclament en sens contraire, et tous au nom de l'équité, des suppressions ou modifications de taxe. Chacun se place pour cela au point de vue de ses besoins particuliers.

Si comme beaucoup d'entre vous le désirent, l'impôt foncier est élevé et l'impôt sur le revenu directement établi, on verra augmenter les loyers, les fermages, et l'intérêt des capitaux indispensables au travail. On dit : « Puisez à la source la rivière en souffre. » Le sens de cet axiome peut s'appliquer ici, mais dans la répartition de l'impôt foncier existe actuellement une inégalité qui doit avoir un terme, d'immenses terrains autrefois stériles, mais depuis longtemps mis en valeur ; sont encore classés comme improductifs et par conséquent soustraits à l'impôt qui leur incombe. Exigez que les opérations cadastrales nécessaires à leur nouveau classement, soient exécutées dans le plus bref délai et que les taxes de droit leur soient immédiatement appliquées.

L'impôt proportionnel basé sur le prix de vente du produit, et prélevé sur l'usage de tout objet utile ou superflu, est le seul équitable. Etudiez-en vous-mêmes la réglementation et le mode de perception, car la plupart des gouvernants de toutes les époques, n'étudient et ne travaillent |que pour ajouter à leurs richesses ; puis exigez-en la mise en pratique.

Les dépenses publiques doivent être basées sur des ressources certaines, l'impôt sur les objets de première nécessité est indispensable pour en assurer le service, car il peut seul être évalué à l'avance et réglé suivant les besoins. Il ne peut disparaître, mais il doit être abaissé et sa réduction ne doit pas provenir d'un report à résultats aléatoires, mais bien de suppression de dépenses inutiles, se traduisant par les dégrèvements définitifs.

Un dégrèvement est-il voté ? Examinez. Le chiffre budgétaire reste-t-il le même? Alors vos cotisations pour y faire face restent évidemment les mêmes, c'est un virement, rien de plus. On pourra vous dire : le maintien de ce chiffre résulte de la substitution d'une dépense productive à une dépense improductive. N'en croyez rien sans examen. Quelles sont ces dépenses productives auxquelles vous contribuez sans votre avis, pour votre plus grand bien, serait-ce les grands travaux publics comme quelques-uns le croient ? Habitués à la centralisation, sans voir qu'elle a pour origine l'avidité des dirigeants prélevant sur tout, pour leurs besoins opulents et dominateurs, il y en a qui feraient appel au concours de l'Etat pour déranger une paille. Voyons donc un peu ce que c'est que l'Etat.

Il y a un peu plus de deux siècles, un roi de France dont l'infamie, les lâchetés, ont été suivant l'usage travesties en vertu, en grandeur, par des historiens officiels, vénals et tremblants, Louis XIV, disait fouet de chasse à la main en plein parlement : « L'État c'est moi. » Ne pouvant vivre et agir sans une part des rapines de ses intendants, des fermiers généraux, ses pourvoyeurs indispensables, pillards et assassins du peuple, il oubliait, lui, qu'en réalité eux et leurs bandes étaient les seuls véritables maîtres, et que mieux que lui et à meilleur droit ils pouvaient dire : l'État c'est nous.

Actuellement on vous dit : l'Etat représente toute force, toute science, toute intégrité, il doit être le facteur général, car en république l'Etat c'est tout le monde. Ironie ? Ou mensonge ? Oui l'Etat c'est tout le monde quand il s'agit de payer, mais où voit-on que ce tout le monde soit consulté lorsqu'il s'agit de décider des intérêts communs. Est-ce au moyen de ce qu'on appelle le suffrage universel, exercé par des hommes condamnés au mutisme, auxquels on a accordé, jusqu'à présent, huit jours tous les cinq ans, pour préparer leur vote sous la surveillance de la police et dont les élus sont placés sous la tutelle d'une chambre aristocratique qui annule leurs décisions ?

Sous l'ancienne monarchie les intendants et fermiers généraux pouvaient dire : L'Etat c'est nous ; depuis ils ont changé de nom, ils portent celui d'administrateurs, et comme alors aujourd'hui : l'Etat c'est eux.

L'Etat se compose de quelques douzaines d'hommes se partageant les premières places, et de quelques centaines d'autres,

eurs associés, placés par eux à la tête des administrations
où peut-être l'honnête homme peut faire son devoir; mais où
l'on peut aussi mettre en carton les lois désagréables, les
tourner ou en faire litière, et risquer la fortune de la France
si on y trouve un avantage. Malgré toutes les institutions
libérales, il en sera ainsi tant que le suffrage universel se
présentant aux urnes, corde au cou et à demi étranglé par
les restrictions de toute sorte, nommera des hommes pour
faire des lois suivant leur conscience et le bon plaisir d'un
sénat, et non, suivant sa volonté continuellement consultée ;
tant que la population sera composée en majorité d'esprits
inattentifs, se laissant surprendre par les événements et par
les hommes se disant politiques.

On ne saurait trop le répéter, aujourd'hui en France l'Etat
c'est l'administration, et comme sous la monarchie le peuple
est son sujet parce qu'il est ignorant d'abord, puis, parce
qu'il lui manque la patience dans l'effort. Dans ces conditions, tout ce qu'il accorde à l'Etat alourdit la chaîne qui le
maintient courbé, toute demande de concours qu'il lui
adresse prouve sa mollesse et retarde son émancipation.

Les entreprises de nature à produire un bénéfice assuré
trouvent des financiers disposés à s'en charger, alors, sans
déboursés imposés, sans risque pour les contribuables ; les
projets se réalisent, et là où des agents inexpérimentés et
prodigues perdraient l'argent du pays, des hommes pratiques, bénéficient. Des canaux, de grandes lignes de chemin
de fer, le canal de Suez, en sont des preuves irrécusables.

Restez indifférents aux promesses de bien-être devant résulter d'emprunts dont vous payerez les rentes ; laissez les
projets se réaliser par l'industrie privée qui prospère où l'Etat
vous ruine. Les entreprises officielles sont presque toujours
des expérimentations stériles, édifiant à vos dépens la fortune
de gens sans scrupules. Voyez les parlements incompétents
voter complaisamment les crédits, après un exposé lu au
milieu de l'inattention de tous, où sont vos garanties ?

Surveillez aussi les frais d'entretien de ce qui existe, les
rapports aux employés supérieurs sont soustraits à l'examen
général, vos dépenses sont à la merci d'agents tout-puissants,
ayant un profond respect pour la souveraineté du peuple
représentée par le budget; mais, pour vous, le plus profond

mépris. Sachez ce que rapportent les biens de l'Etat, canaux, forêts, chemins de fer, usines, manufactures, palais, châteaux, tous ces comptes vous sont dus, réclamez-les ; ayez des comités pour les contrôler et découvrir les déprédateurs qui s'inspirant encore des actes d'autres temps, mettent la France à sac, et rendent nécessaires des budgets de trois milliards pour combler les vides qu'ils font.

Résumons, voulez-vous réduire les impôts? Vérifiez vos recettes, surveillez vos dépenses et surtout réduisez-les. abaissez les gros traitements, supprimez les sinécures. Réduisez le personnel administratif. Réduisez la durée du service militaire, et réduisez surtout la durée des mandats électifs. Laissez les grands travaux à l'industrie privée. Attendez que la misère ait disparu, pour continuer à construire à vos frais des palais fastueux, des boulevards magnifiques, des avenues monumentales dont les loyers inabordables vous forcent à loger à l'écart pendant qu'ils restent inhabités ; et gardez-vous de tout emprunt d'Etat, sauf le cas où la France ostensiblement menacée aurait besoin d'y recourir.

L'ÉLÉVATION DES SALAIRES

Dans notre état de civilisation, l'individu ne peut pourvoir seul à tous ses besoins, il se classe dans un genre de production, en fournit les résultats à ses vosins, et reçoit d'eux les produits qu'il ne peut créer lui-même. Le numéraire, instrument de salaire est le moyen d'échange, et l'abondance ou la rareté du produit modifie sa valeur.

Dans une année moyenne, avec vingt francs, on achète un hectolitre de vin. Dans certaines années, il faut quarante francs pour la même quantité ; un déficit de moitié dans la récolte a fait doubler le prix, il faut deux pièces de vingt francs pour obtenir ce qu'hier une seule procurait.

14

Un ouvrier façonne un objet quelconque pour cinq francs,
exige qu'à l'avenir on lui pàye six francs, le prix de cet objet
ugmente. Les travailleurs de chaque catégorie, atteints par
enchérissement, et mis en éveil, suivent l'exemple donné ; ils
btiennent à leur tour une augmentation équivalente. Il en
sulte une augmentation rapide des prix de tous produits.
n gagnera désormais six francs, au lieu de cinq francs, mais
faudra six francs pour se procurer ce qu'on payait cinq ;
situation ne sera pas meilleure, on aura seulement dé-
récié la valeur monétaire, et facilité la concurrence étran-
ère.

L'élévation des prix oblige celui qui possède à se mettre
mesure d'y faire face. Le prix des constructions ayant aug-
enté graduellement, les loyers ont augmenté dans la même
roportion. L'immeuble du propriétaire, l'argent du capi-
liste, représentent une somme de travail accompli antérieu-
ient, le possesseur les tient de son labeur, ou de celui de
s ascendants, il est par les services rendus, l'égal de l'ou-
rier du présent et a le droit de l'imiter, quand celui-ci aug-
iente ses prix.

Il en est qui dénoncent ceux qui possèdent, comme jouis-
nt du travail accumulé des autres. Il y a certainement des
rtunes aristocratiques ou industrielles, dont l'origine est
étestable ; mais qu'est leur nombre, à côté de celui des fa-
iilles possédant un avoir modeste, réalisé par plusieurs
énérations de travailleurs, vivant avec la plus stricte éco-
omie ? Est-ce à elles qu'on persuadera que ce qui leur permet
ujourd'hui un certain bien-être, représente le travail accu-
iulé des autres ? Trouvera-t-on des partisans de cette idée,
nez les ouvriers qui savent comment se constitue l'épargne
vivent sobrement pour l'obtenir, tant modeste soit-elle ?
es uns et les autres, dédaignent les novateurs ignorants et
s excitateurs malintentionnés, qui se faisant une tribune
'un pavé retourné, prétendent à une organisation sociale
ui n'aboutirait qu'à tuer l'effort individuel, à le noyer dans
ne fainéantise générale, résultant de l'impossibilité d'ac-
uérir, ou de préparer avec sécurité, l'avenir de ses en-
nts.

Peut-être le mode de transmission de la propriété et de ré-
artition des salaires sera-t-il un jour transformé, mais avant

qu'il le soit fructueuseument, il faudra que tous les hommes connaissent leurs devoirs, que tous acceptent le travail productif comme loi suprême, et s'y soumettent. Quant à présent, si la fainéantise est florissante chez la plupart des riches, elle ne l'est pas moins ailleurs; si parmi eux on rencontre les soutiens des usages d'un passé odieux, parmi les autres se trouvent les aides aveugles des bouleversements, d'où naissent fatalement les réactions.

Quelle situation la hausse des salaires crée-t-elle à celui qui, ayant à grand' peine économisé le nécessaire pour ses vieux jours, n'a pu acheter d'immeubles et par conséquent, ne peut augmenter ses ressources. Trop vieux pour reprendre le travail, ce vieillard a été robuste, vaillant et économe, il se croyait à l'abri de la faim, et se voit avec effarement mourir lentement de misère, condamné par vous, qui depuis vingt ans peu à peu, avez fait perdre à son argent la moitié de sa valeur.

Par vos actes irréfléchis, vous dépouillez les travailleurs vos prédécesseurs, vous leur infligez une vieillesse désespérée, sans songer que c'est aussi le sort qui vous attend, car à votre tour : le corps tremblant, la main débile, la poitrine épuisée, vous pleurerez devant le foyer éteint, devant votre dernière bouchée de pain. Ce jour-là peut-être, votre jeune voisin sera en fête, il aura réussi à se faire payer dix francs ce que vous faites payer cinq. Aurez-vous le droit de vous plaindre ?

Que va-t-il résulter de vos continuelles augmentations ? Les ouvriers étrangers, moins payés que vous, vont vous écraser sous la concurrence, vous réduire au chômage. Quel que soit votre métier, vous ne saurez vous y soustraire ; même pour le travail des lourds matériaux : ils enverront les pierres taillées, les fers forgés, les charpentes préparées, le reste à l'avenant. Est-ce là où voulez en arriver ? Alors vous êtes près du but, vous allez y toucher.

Formez des chambres syndicales fusionnées, où avant d'agir vous raisonnerez vos intérêts non au point de vue étroit et exclusif d'une corporation, mais au point de vue de l'intérêt général, lequel se compose de la réunion des intérêts particuliers, et peut seul les faire prévaloir efficacement. Sans cette organisation, vous continuerez à vous agiter dans le vide, vous ne ferez rien de sérieux, rien d'utile.

CHAPITRE IV

RÉDUCTION DU PERSONNEL ADMINISTRATIF

Une fraction importante de la population vit payée par l'État, sous une multitude de dénominations administratives. On y rencontre quelques hommes instruits, très utiles, mais à leur abri, les autres se mettent à dix pour faire le travail d'un seul, entassent les formalités routinières, et en écrasent les affaires et le public.

Ce n'est pas au travailleur, à nourrir une foule nuisible, qui soustrait inconsciemment au pays qu'elle affame, la somme d'efforts qu'elle lui doit, sa place est aux travaux productifs.

Il faut se préoccuper de procurer un travail approprié à leurs forces, aux infirmes pouvant apporter une part d'intelligence à la prospérité générale; leur emploi dans les bureaux, permettra de restituer à la production les employés robustes qui n'y participent pas.

Nous réclamons ce qui suit :

Tous les bureaux administratifs de l'État et des communes n'occupant qu'un seul employé seront provisoirement conservés.

Pour tous les autres bureaux, le personnel sera réduit de moitié dans les six mois Sauf exception pour les bureaux des postes et télégraphes dont les réductions seront soumises à une étude spéciale.

Au-dessus de trois employés, en cas de nombre impair, la réduction sera de moitié plus l'impair.

Dans les administrations réunissant plusieurs services, la réduction sera opérée sur le chiffre d'ensemble du personnel.

Les congédiés seront d'abord ceux ayant atteint l'âge de 60 ans, il leur sera alloué une pension de retraite ne pouvant être inférieure à la moitié de leurs traitements.

Les autres congédiés seront les plus jeunes, pourvu qu'ils soient valides. Au-dessous de 25 ans, ils toucheront à titre d'indemnité leurs appointements actuels, pendant deux années. Ceux de 25 à 30 ans, les toucheront pendant trois ans. Ceux de 30 à 35 ans pendant quatre ans, ceux de 35 à 40 ans pendant cinq ans. Il sera facultatif à tous de toucher immédiatement et pour toute indemnités, la moitié de la somme représentée par le service des appointements. Un emprunt sera voté, si cette mesure le rend nécessaire.

Pour toutes les vacances se produisant, les places où il ne s'agit que de travail de bureau seront réservées aux infirmes pouvant les remplir, il n'y entrera d'hommes valides qu'à leur défaut.

Les chefs de service sont invités à signaler les formalités inutiles pour qu'il puisse être procédé à leur suppression. Ceux d'entre eux qui ne pourront faire face au travail avec le personnel réduit seront remplacés sans indemnité.

CHAPITRE V

DÉCENTRALISATION

Un nombre considérable d'employés perd son temps, les uns à présenter au gouvernement les projets des communes et départements, les autres à examiner, approuver, ou rejeter ces projets, qui repassent de la perception à la mairie, de la mairie à la sous-préfecture, de la sous-préfecture à la préfecture, de la préfecture aux ministères, pour revenir ensuite par le même chemin, après des délais interminables. Il y a là non seulement une dépense importante à économiser, mais encore à supprimer une entrave qui arrête les affaires et en étouffe la plus grande partie.

En attendant une décentralisatiou étudiée, nous réclamons le vote du projet suivant :

Pour toute question locale, ne relevant pas du service des ponts et chaussées et voies navigables, l'État n'aura pas à intervenir, dans la gestion des budgets communaux ou départementaux, pour l'emploi desquels il ne pourra modifier les décisions des conseils généraux ou municipaux, lesdites seront exécutables, sous la seule responsabilité des communes et départements et sans qu'il soit, dans aucun cas, besoin d'en référer au gouvernement.

CHAPITRE VI

Une assemblée élue en 1871, pour examiner la question de paix ou de guerre, nommée en dehors des travailleurs, qui alors sous les armes ou dans l'impossibilité de se concerter, sont en grand nombre restés étrangers à son élection, s'est donné le droit de légiférer et a voté la constitution actuelle. Il y a lieu d'en demander la revision.

LES MANDATS ÉLECTIFS

La longue durée d'un mandat rétribué ou honorifique, dispose le mandataire à en faire métier ; le corps électoral aux idées multiples doit tenir ses délégués continuellement en éveil, sinon ils forment une aristocratie nuisible. Des élections rapprochées donneront au pays les moyens d'agir, de se faire obéir rapidement, et de traiter suivant leurs mérites, les membres des commissions, sous-commissions, divisions et subdivisions de sous-commissions, dormant sur les questions à l'étude et absorbant pour cela des indemnités spéciales.

Un député doit être plus que le représentant d'un arrondissement, il doit être le fondé de pouvoir d'une partie importante de la population, traiter les intérêts nationaux et non les intérêts locaux. Le scrutin de liste par département peut seule lui donner cette situation. L'adhésion à un mandat impératif le dispensera de la notoriété ; l'honorabilité suffira.

En conséquence nous réclamons ce qui suit :

Les députés seront élus pour un an.

Les élections les concernant auront lieu chaque année, au scrutin de liste par département.

Les conseillers généraux, municipaux et d'arrondissement, seront élus pour deux ans.

Aucun député ne pourra faire partie d'une assemblée communale ou départementale.

La Chambre des députés siègera toute l'année, sauf deux vacances générales, qui ne pourront excéder un mois chacune. Pendant ces vacances une commission nommée par la Chambre restera en permanence avec mission de provoquer la rentrée en cas d'urgence.

Dix jours après chaque élection, l'ancienne assemblée réunie en séance solennelle accueillera les nouveaux élus, fera l'exposé de ses travaux et résiliera ses pouvoirs.

LE SÉNAT, LA PRÉSIDENCE DE LA RÉPUBLIQUE

Le Sénat ignore les aspirations du pays dont il ne représente qu'une infime partie : s'il accepte les lois votées par les députés il est inutile, s'il les rejette il se met en antagonisme avec les seuls mandataires de la France, devient une cause d'inquiétude et suspend la vie nationale. La Chambre des députés est nommée par tous, donc elle représente la France et doit être seule souveraine. Le pouvoir exécutif doit émaner d'elle.

Le Sénat par son origine, appartient à l'aristocratie, de tout temps ennemie du progrès, créatrice et soutien des iniquités et des privilèges dont elle est bénéficiaire. Pour le repos et la sécurité du pays il doit disparaitre.

En conséquence nous réclamons ce qui suit :

Suppression du Sénat. Les sénateurs inamovibles conserveront leur traitement jusqu'à leur mort.

Les sénateurs amovibles le conserveront pendant cinq ans.

A l'expiration des pouvoirs du président actuel de la république, la présidence de la république sera supprimée.

En cas de décès ou de démission, la suppression sera immédiate et la Chambre seule souveraine disposera des ministères et de toutes les attributions gouvernementales qu'elle ne pourra déléguer pour un terme excédant celui de ses pouvoirs.

L'envoi de forces françaises à la frontière, ou sur un point extérieur quelconque, la mobilisation totale ou partielle à l'intérieur, relèveront exclusivement de la Chambre des députés.

CONCLUSION

TRAVAILLEURS !

Les réformes réclamées par votre programme ont pour but de réduire et de contrôler les dépenses, d'augmenter la production, de vous débarrasser des parasites, et de soustraire vous et vos familles à une abusive et insaisissable autorité administrative.

Le vote de ce programme ne peut vous donner un bien-être immédiat, mais il vous mettra en main les pouvoirs nécessaires à son obtention rapide.

Sa réalisation rendra au pays les forces immenses absorbées misérablement. Alors vous pourrez, vous courbés sous la charge, vous redresser, respirer et vivre. Vous pourrez, sans avoir à redouter la misère, réduire le nombre d'heures de travail, ce que vous ne pouvez faire aujourd'hui sans diminuer encore une production insuffisante à vos besoins. Vous pourrez chaque jour passer quelques heures en famille, diriger vos enfants, les instruire en vous instruisant vous-mêmes. Vous pourrez mettre en valeur, les hommes et les choses restant encore improductifs.

Cette première partie de la tâche accomplie, travailleurs des campagnes, ouvriers des villes, assurés de vos libertés, vous pourrez penser au lendemain, fonder vos écoles professionnelles, vos musées agricoles et industriels. Vous pourrez améliorer votre outillage, créer des ateliers coopératifs, grouper les capitaux, les forces, les intelligences, et faire à jamais resplendir le nom de la France, sous la devise républicaine :

Liberté, Égalité, Fraternité.

Sous son rayonnement, vos fils verront un jour :

Le travail en honneur.

Les plus petites parcelles de terre cultivées.

Les écoles professionnelles remplies d'une jeunesse robuste, intelligente, étudiant avec les sciences, les droits et les devoirs des hommes libres.

Les bibliothèques et musées agricoles ouverts dans chaque village.

Les bibliothèques et musées industriels ouverts dans chaque ville.

La liberté communale florissante, donnant l'essor rapide à tout progrès.

Les favorisés de la fortune, distribuant intelligemment leur superflu.

Les pauvres et les riches, réunis, élevés côte à côte, dans les mêmes principes, dignité dans le travail, dignité dans les relations, dignité dans la vie de famille.

Les pauvre et les riches, au même niveau intellectuel, se regardant comme les fils égaux de la patrie, et marchant ensemble au progrès infini.

NOTE DE L'AUTEUR

Ceux dont les intérêts peuvent avoir à souffrir des réformes que nous réclamons, objecteront, que portant atteinte à un certain nombre de situations; elles sont inacceptables, ou même souriront dédaigneusement et n'y penseront plus. Sans vouloir examiner ici le plus ou moins de droit des occupants nous nous bornons à dire : Etudiant la marche des idées ouvrières, nous croyons à l'imminence d'un bouleversement social, et faisons appel à tous pour le conjurer. Si il se produit, le mal ne se bornera pas au déplacement d'employés indemnisés et à des réduction de traitement ; les travailleurs comme les autres ont tout à perdre à une lutte dans laquelle notre nationalité peut disparaître.

C'est pour tous que nous avons écrit, chacun jugera.

EXCURSOR

Mai, 1881.

F. Aureau. — Imprimerie de Lagny.

www.ingramcontent.com/pod-product-compliance
Lightning Source LLC
Chambersburg PA
CBHW061802050726
47598CB00002B/836